LA COCINA

Cubana

DE VERO

OBERON

Diseño y maquetación:
Cecilia Poza Melero

Fotografías de cubierta y bodegones:
camd3.net

Fotografías de recetas:
Verónica Cervera y Emilio García Montiel
excepto Papas rellenas: Ailyn Sánchez y Canchánchara: Rainy Silvestre

© EDICIONES OBERON (G.A.) 2015
Juan Ignacio Luca de Tena 15
28027. Madrid
Depósito legal: M-29532-2015
ISBN: 978-84-415-3676-0
Printed in Spain

A mi esposo Emilio, el mejor team player en esta aventura.

índice

de contenidos

agradecimientos

Este libro lleva el cariño de muchas personas. Ante todo, el de mi madre, María Isabel Suárez; mi abuela, Gladys Rojas; mi madrina, María del Carmen Suárez; y mi padre, Orlando Cervera, de quienes aprendí los primeros secretos de la cocina; así como el de toda mi familia, que siempre ha sabido cuánto me gusta cocinar. El de Zoe Plascencia, que soñó este libro antes que yo, y el de mi editor, Eugenio Tuya, que encauzó este sueño de principio a fin. El de los amigos que han tenido la bondad de compartir en estas páginas sus recetas favoritas, y sus anécdotas, y que colaboraron con sus fotografías. El de todas las amigas y amigos que animaron aquellos increíbles *cookouts* en casa, donde elaborábamos platos de las más variadas tradiciones culinarias, probando (o «desaprobando») las recetas. De ellos, para José Alberto Calvos va un abrazo muy especial por su inestimable ayuda técnica y material para la realización de las fotos de las recetas; y otro, igualmente efusivo, para Ivette Leyva Martínez, por su esmerado prólogo sobre la circunstancia culinaria en la Cuba contemporánea. Lleva también, por supuesto, el cariño de la comunidad de lectores que sigue mi blog *La cocina de Vero* y, muy particularmente, el de mis colegas blogueras, que compartieron sus experiencias conmigo y me alentaron durante todo el trayecto. Quiero, además, agradecer el excepcional y expedito trabajo del estudio fotográfico CAMD3, especialmente a Antonio Simón, así como el cálido apoyo del bar de Estrella, sin duda, la mejor carne ripiada de Madrid.

Finalmente, está mi esposo, Emilio García Montiel, quien desde un inicio hizo suyo este proyecto: componiendo, fotografiando, editando, corrigiendo, probando cada uno de los platos y dejando, cada día, la cocina lista para la faena.

presentación

Cada uno de los platos elegidos para este libro procura resaltar sabores y combinaciones distintivos de la cocina cubana. Sin embargo, las recetas no siempre son las recetas convencionales. En algunas, sigo estrictamente los métodos que aprendí de niña con mi abuela o mi madrina; en otras, hago mi libre interpretación de esos métodos.

Nací en una ciudad pequeña cercana a la costa norte del centro de Cuba. Digamos, que nací en «el campo», entre árboles, frutas, viandas y matanzas de cerdo. Mis recuerdos, por tanto, son diferentes de los de alguien criado en la capital del país, o incluso, en ciudades como Camagüey o Santiago de Cuba. Yo no tenía, por ejemplo, chocolates, pero tenía frutas. Tampoco tienen que ver con los recuerdos de los que fueron educados antes de 1959 o en el exilio. Nací y crecí con una libreta (cartilla) de racionamiento y con gente que pasaba por las casas vendiendo langosta y carne de caballo de contrabando, frutas, verduras, viandas y especias conseguidas quién sabe dónde y cómo.

Ciertas historias que encabezan las recetas de este libro pueden hacer pensar que me contradigo y que, a fin de cuentas, siempre comíamos estupendamente. Nada más lejos de la verdad. Si la comida se disfrutaba, si cocinar, hurgar en viejas revistas o en recetarios copiados a mano para buscar recetas se disfrutaba, si ese cotidiano «inventar en la cocina» se disfrutaba, era, ante todo, por el trabajo que había supuesto «luchar» (encontrar) los alimentos o los ingredientes y por el alivio de haberlos «resuelto» (conseguido). Sólo después de salir de Cuba, y de «enfrentarme» a la gran variedad de guisos, carnes, viandas y frutas que conocía de oídas o que, sencillamente, desconocía, fue que apenas comencé a discernir la tradición culinaria cubana. Miami me permitió experimentar de cerca la riqueza de esa cocina, pero también la de esa otra isla que estaba en la voz de Celia Cruz y de La Lupe y en La Habana de las novelas de Cabrera Infante.

Preparar las recetas que aquí aparecen ha sido un minucioso recorrido por esos recuerdos y por esa transición vital sin la que este libro no hubiera sido posible. *La cocina cubana de Vero* quiere decir también mi modo de entender esa cocina desde esta experiencia.

—Verónica Cervera

prólogo

De las cocinas hispanoamericanas, la cubana ha sido quizás la más conservadora, la más resistente a los cambios y a la fusión que permea las creaciones culinarias contemporáneas. Es una curiosa paradoja: la revolución sacudió los cimientos del país, trastocó los valores y transformó prácticamente todas las esferas de la vida, pero no socavó los pilares de la tradición culinaria.

No quiere decir esto que la cocina –entendida como el arte particular de una nación para preparar alimentos y también como el espacio hogareño donde este toma forma, olores y sabores– se mantuvo incólume, sino que más bien se vio afectada por defecto, por la falta de interés de las autoridades en preservarla.

En la medida en que las nacionalizaciones del gobierno de Fidel Castro en la década de 1960 fueron desmantelando medianas y pequeñas empresas productoras de alimentos, los cubanos comenzaron a sufrir la falta de especias esenciales para preparar platos tradicionales. La implantación de la libreta de racionamiento en 1962 y la llamada ofensiva revolucionaria, que en 1968 clausuró los remanentes de propiedad privada, desde fondas hasta puestos de vendedores ambulantes, transformó la canasta familiar –y el acto de comer– en una verdadera odisea en los hogares cubanos.

Comer, y comer opíparamente, reunir la familia en torno a una mesa espléndida, eran rasgos de identidad criolla, asimilados de la herencia española y exaltados desde las páginas de la literatura de la isla, como la exquisita cena lezamiana de *Paradiso*. Pero con el devenir del proceso revolucionario, la comida se convirtió en una obsesión de supervivencia.

Durante más de medio siglo los isleños han vivido sometidos a una escasez crónica no sólo de especias sino de los alimentos más esenciales. Para generaciones enteras de cubanos, recetas como el sándwich Medianoche y el tasajo –recogidos en este libro– pasaron a ser sólo nombres sonoros y exóticos, pertenecientes a un pasado brumoso, lejano.

Afortunadamente, esas recetas tradicionales no desaparecieron; se conservaron gracias a la tenacidad de los cubanos en Miami. En fondas, en cafetines, en restaurantes, los exiliados reprodujeron y mantuvieron los platos típicos.

Durante 46 años en Cuba subsistió un legendario programa televisivo de cocina, dirigido y conducido por Nitza Villapol: *Cocina al minuto*, donde la Julia Child cubana invitaba a preparar "recetas fáciles y rápidas de hacer". En una metáfora perfecta de la situación que llegaría a imperar en Cuba después de la revolución, Nitza tuvo que ir modificando sus propias recetas en la medida en que empezaron a escasear los ingredientes usuales. Así, explicó a los cubanos cómo preparar un *pudín sin huevos*, hacer *tortillas de yogurt*, empanizar la carne *sólo con agua y harina*, y cómo, a falta de este último producto, hacer frituras *pulverizando un paquete de macarrones*.

En la década de 1990, con la llegada de la crisis económica conocida como Período Especial, Nitza nuevamente intentó adaptarse a la dramática escasez de alimentos. Sus programas se convirtieron en clases de supervivencia y de travestismo de la comida: enseñaba cómo freír un huevo sin aceite, o hacer un cocido condimentado con cáscara de plátano. Proponía soluciones con dignidad, eludiendo referencias a la miseria que permeaba casi todos los hogares cubanos. En 1994, las autoridades cubanas decidieron cerrar el programa: la escasez era tan crítica que hablar de comida se volvió un tema tabú.

Ese mismo año, Verónica Cervera, que como muchos había crecido viendo el programa de Nitza, se lanza al mar junto con miles de cubanos que procuraban llegar a los Estados Unidos en lo que luego sería conocido como el éxodo de los balseros. Tenía 22 años cuando llegó a Miami, ya para entonces la verdadera Meca de la gastronomía cubana.

Diecisiete años después, su natural afición por la cocina la llevaría a crear un blog: *Cocina al minuto y con comida* (hoy *La cocina de Vero*), donde comenzaría a publicar cada una de las recetas que preparaba en casa para la cena diaria. El título, homenaje al programa de Nitza, era también una ironía para con la precaria situación alimentaria de la isla. Perteneciente a una generación marcada por la proverbial escasez del Periodo Especial, Verónica Cervera consolidaría su blog, y, su discernimiento de lo culinario, no a través de una «nostalgia de lo perdido» −acaso más acentuada en generaciones anteriores de exiliados− sino a partir de su desprejuiciada disposición para incorporar sin reticencia los más disímiles ámbitos culinarios. Miami, encrucijada de la migración latinoamericana, había sido el escenario perfecto para la degustación de nuevas cocinas y nuevos sabores, entre ellos, por supuesto, todos aquellos de origen cubano que nunca, o apenas, había probado en la isla.

De este proceso de aprendizaje, cada plato suyo, ideado o re-creado, pasaría a convertirse en una búsqueda, a veces en una franca investigación, que, en el caso de Cuba, le llevaría a descubrir parte de una historia gastronómica que le había sido negada: platos e ingredientes que parecían no haber tenido nunca lugar en la historia de la isla; recetas regionales y familiares que reivindicaban una mayor diversidad que la de los clásicos platos «típicos». De ahí que, en la práctica, para Verónica Cervera, cocinar «con comida» dejara de ser una lúdica ironía para convertirse en un reto, en una respuesta íntima contra un sistema que ha reducido a la cultura culinaria cubana un asunto escaso, aleatorio, selectivo, y a merced del ingenio popular. Tómese este ejemplo sencillo: en las casas cubanas, la taza graduada ha pasado a ser suplida por cualquier lata de leche condensada, obviamente, sin graduación; en consecuencia, las medidas ya no se dan en «tazas», sino en «latas».

En las recetas de *La cocina cubana de Vero* −al parecer, el único libro de cocina cubana publicado originalmente en español por alguien de su generación que se formó en Cuba− podemos advertir, justamente, este itinerario de descubrimientos y recreación: en los platos típicos, en los regionales y familiares, y también en alguno internacional al que ha dado un toque cubano. Un itinerario que la autora ha hecho más cercano apuntando algunos contrastes entre la comida cubana en Miami y en Cuba, la memoria de ciertos frutos y sabores, las carencias en las cocinas cubanas o ciertas soluciones improvisadas que ponía en práctica en la isla para intentar reproducir algunas recetas tradicionales. Tal vez, por su singular génesis, pueda decirse que las recetas de *Vero* se hallan en el camino de una cocina cubana sostenida menos por una aséptica idea de la recuperación, que por una de confrontación con sus imaginarios −sobre todo aquellos impostados, fuera y dentro, después de 1959− así como por una fresca adopción de las más variadas tradiciones culinarias.

—Ivette Leyva Martínez
Miami, 29 de septiembre de 2015.

Aperitivos

chicharrones

Todo lo que sobraba de la comida en casa de mi abuela se guardaba en una cubeta con tapa que había en el patio. Se le adicionaba un poquito de agua, la misma con que se iba enjuagando la vajilla. Unas tres veces por semana venía un señor a buscar lo acumulado y dejaba otra cubeta vacía en su lugar. Con esos restos se alimentaban los cerdos, a los que nosotros llamamos casi siempre puercos o lechones. A esa mezcla de comida, a la que también iban a parar las cáscaras de papas, plátanos, mangos y otras viandas y frutas, le decimos sancocho.

Luego, cada cierto tiempo, entre mi abuelo y el señor mataban un cerdo en el campo y cada uno se llevaba una mitad a casa. Abuelo traía su parte y la colgaba de unas vigas que había en el techo del lavadero, al lado de la cocina, y comenzaba a picar, a empacar para poner a congelar, y a freír. Siempre comenzaba por las empellas, la grasa que va quedando de todas partes y principal proveedor de manteca. Le seguían los chicharrones. Cuando estaban listos, sacaba una cerveza bien fría.

18 unidades

Ingredientes:

2 tazas de manteca de cerdo

1 kg (2.2 lb) de piel de cerdo con carne

Sal

Preparación:

Cortamos la piel del cerdo en tiras de 3-4 centímetros (1.5 pulgadas) de ancho, y éstas, en cuadrados o rectángulos. Hacemos cortes en la carne sin llegar a la piel, de modo tal que la carne se abra en pequeños cubitos. Esto facilita que los chicharrones se cocinen mejor.

Calentamos la manteca a fuego medio, agregamos los chicharrones crudos previamente salados y los freímos 15 minutos por cada lado, comenzando por el lado de la piel. Los movemos a cada rato, cocinándolos durante otros 20-25 minutos.

Cuando estén dorados, con mucho cuidado, añadimos un vaso de agua a temperatura ambiente para que se hinche la piel y queden bien tostados. Los tapamos enseguida, pues la manteca puede saltar bastante. Cuando se evapore el agua, los dejamos cocinar unos 5 minutos más con la cazuela destapada.

Los ponemos sobre papel de cocina para que escurran la grasa.

Pueden conservarse perfectamente cubiertos de manteca a temperatura ambiente por varios meses.

cóctel de camarones

En Cuba, tanto a la gamba como al langostino le decimos camarones. En la isla sólo los probé en contadas ocasiones, pues los mariscos en general se destinan al turismo y la exportación. El cóctel de camarones es uno de mis entrantes preferidos. Es ideal para tomar cerveza o vino blanco antes de las comidas en las tardes de verano, o para servir en una fiesta como fingerfood. Eso sí, mucho cuidado. Puede provocar adicción. Las cuatro raciones de esta receta pueden convertirse fácilmente en una.

4 raciones

Ingredientes:

340 g (12 unidades) de camarones
(gambas) cocidas congeladas o frescas

4 cucharadas de mayonesa

1 cucharada de kétchup

2 cucharadas de cebolla bien picadita

2 cucharadas de perejil bien picadito
y unas hojitas para adornar

1 pizca de pimienta blanca

2-3 gotas de tabasco u otra salsa picante

1 cucharadita de zumo de limón

Sal (opcional)

Preparación:

Mezclamos bien todo y rectificamos la sal. Servimos en una fuente o en copitas individuales. Adornamos con las hojitas de perejil.

frituras de bacalao

Cuentan los más viejos que en Cuba el bacalao era comida de pobres y de esclavos. Salado, podía conservarse durante mucho tiempo. Desde niña ha sido uno de mis pescados favoritos. ¡Y sus frituras...! Mi abuela Esperanza las hacía y yo no podía parar de comerlas. Hoy, es uno de esos aperitivos que siempre pido cuando lo encuentro en el menú de los restaurantes. Y cada vez que cocino bacalao en casa, reservo un poquito para darnos ese placer.

Estas exquisitas frituras se pueden servir solas o acompañarlas con alioli. Si le gusta la cerveza, van de maravilla con una bien fría.

20 unidades

Ingredientes:

230 g (½ lb) de bacalao en salazón

3 cucharadas de harina

¼ cucharadita de sal

4 huevos medianos

1 cucharadita de levadura en polvo

2 dientes de ajo

1 rama de perejil bien picadito

Abundante aceite vegetal para freír

Para el alioli:

1 huevo

1 diente de ajo

1 cucharada de zumo de limón

1 pizca de sal

1 pizca de pimienta

1 puñado grande de perejil

¾ de taza de aceite vegetal

Preparación:

Para desalar el bacalao, lo colocamos en un recipiente con agua que lo cubra y lo ponemos en el frigorífico la noche anterior o, al menos, 2 horas antes de cocinarlo. En ambos casos, le cambiamos el agua un par de veces.

Ponemos a hervir agua y ablandamos en ella el bacalao, cocinándolo a fuego medio hasta que se ablande, de 5 a 15 minutos dependiendo del grosor del bacalao. Lo escurrimos y lo desmenuzamos bien antes de mezclar con el resto de los ingredientes, o lo pasamos todo por el robot de cocina. Dejamos reposar la masa aproximadamente 5 minutos antes de freír en aceite caliente en una cazuela o una sartén, añadiendo una cucharada de la mezcla por fritura y dejando que se dore. Si tenemos una freidora, la ponemos a 190°C (375°F). Cuando las frituras estén listas, las colocamos sobre papel absorbente para eliminar el exceso de grasa.

El alioli se prepara batiendo todos los ingredientes, excepto el aceite, en una batidora. Luego añadimos el aceite lentamente, en un hilito, hasta que cuaje.

frituras de maíz

En Cuba no solemos moler maíz para hacer estas frituras, sino que usamos una porción del maíz molido destinada a platos que requieren más elaboración, como el tamal en hoja, el tamal en cazuela o el majarete.

También se puede reservar un poco de maíz molido y hacerlas al día siguiente. O aprovechar la masa seca que queda después de enjuagar y colar el maíz molido cuando preparamos tamal en cazuela o harina criolla.

En cualquier caso, debemos eliminar el exceso de líquido a la hora de preparar la mezcla para que las frituras no se deshagan al freír. El resto es sencillo y requiere solamente de otros 4 ingredientes que casi siempre tenemos en casa.

El azúcar es imprescindible en esta receta y potencia el dulzor del maíz, pero el resultado nunca debe ser una fritura dulzona o empalagosa, para que se puedan servir como tapas.

18-20 unidades:

Ingredientes:

1 taza de maíz molido y escurrido

3 cucharadas de azúcar

1 cucharadita de sal

1 huevo grande

Abundante aceite vegetal para freír

Preparación:

Mezclamos bien los ingredientes.

Calentamos el aceite en una sartén o una cazuela, y si tenemos una freidora la ponemos a 190°C (375°F). Añadimos cucharadas de la masa al aceite y freímos hasta que se doren las frituras, unos 3-4 minutos. Según estén listas, las colocamos sobre papel de cocina para eliminar el exceso de grasa.

frituras de malanga

El entusiasmo que provocan estas frituras es enorme. Hacerlas en casa, si hay visita, puede convertirse en una verdadera osadía, pues corre uno el peligro de quedarse frente a la freidora por lo menos una hora mientras los demás repiten y repiten.

Es posible servirlas también como acompañante o como postre. A mi padre le encantan dulces y, a veces, las prepara sin ajo para comerlas con un poco de miel por encima, como si fueran buñuelos.

La malanga es una raíz que se conoce en otros países como mangareto, tiquisque, otó, ocumo, yautía y uncucha. Es muy sabrosa también hervida con mojo de ajo por encima, como la yuca, o en puré.

20 unidades

Ingredientes:

2 malangas medianas

2 huevos medianos

1 rama de perejil picadito

2 dientes de ajo

½ cucharadita de sal

½ cucharadita de levadura en polvo

Abundante aceite vegetal para freír

Preparación:

Pelamos las malangas y las rallamos con ayuda de un guayo, que es como le dicen en Cuba al rallador. Las mezclamos con el resto de los ingredientes y dejamos reposar la masa mientras se calienta el aceite. Si tenemos freidora, la ponemos a 190°C (375°F) y si no, freímos en una cazuela o una sartén. Añadimos cucharadas de la masa al aceite y dejamos que las frituras se doren (cada cucharada es una fritura). Podemos hacerlas en varias tandas. Estarán listas en 3-4 minutos. Las ponemos sobre papel absorbente para eliminar el exceso de grasa.

También hacemos este tipo de frituras con yuca o ñame.

croquetas de bacalao de mi abuela Gladys

Las croquetas con bechamel de mi abuela Esperanza eran riquísimas, pero mis favoritas eran las de mi abuela Gladys, que no las hacía con bechamel, sino con patatas, y lo mismo le ponía chorizo molido, picadillo (carne picada) que aporreado de pescado.

Cuando fui a Portugal y probé los bolinhos me acordé mucho de esas croquetas. De regreso a Miami pregunté a mis amistades cubanas y muchas me contaron que en su familia también hacían las croquetas de ese modo, especialmente las de bacalao.

30 unidades

Ingredientes:

½ kg (1 lb) de bacalao en salazón

1 kg (2.2 lb) de papas (patatas)

2 yemas de huevo

1 cebolla mediana

⅔ de taza de leche

4 cucharadas de mantequilla

4 cucharadas de perejil picadito

Sal

Pimienta

Abundante aceite vegetal para freír

1 taza de harina

1 taza de pan rallado o galleta rallada

3 huevos

Preparación:

Desalamos, cocinamos y desmenuzamos el bacalao como se explica en la página 18.

Ponemos a hervir agua, añadimos 1 cucharada de sal y las patatas cortadas en cuadritos de 4 centímetros (pulgada y media). Cocinamos durante 20 minutos o hasta que las patatas estén tiernas. Las escurrimos y reservamos.

Derretimos la mantequilla y pochamos en ella la cebolla bien picadita a fuego medio-bajo durante unos 7 minutos.

La añadimos a las papas para majarlas, junto a la leche y las dos yemas de huevo. Mezclamos con el bacalao, el perejil y la pimienta al gusto. Rectificamos la sal. Para majar y mezclar también podemos utilizar un robot de cocina.

Cubrimos con papel film y reservamos en el frigorífico al menos 1 hora o en el congelador durante 10-15 minutos. Hacemos bolitas de 4 centímetros con la masa y le damos forma de croqueta. Pasamos cada una por harina, huevos batidos y pan rallado.

Calentamos bien el aceite. Si tenemos una freidora, la ponemos a 200°C (400°F). Freímos las croquetas durante unos 4-5 minutos en aceite suficiente parar cubrirlas y las retiramos cuando se doren.

Servimos con galletas de soda, que es como en Cuba llamamos a las Crackers, y mayonesa. También las podemos ofrecer con pepinillos, que es como se hacía en la isla antes de 1959.

masas de cerdo fritas

De niña me gustaban tanto las masas de cerdo frita que a mi abuelo le dio por llamarme «postica», que es otro modo de nombrar en Cuba a las masas de cerdo.

Aunque parezca sencillo prepararlas (sólo ponerle sal y freírlas) cada cocinero tiene su secreto para lograr la masa de cerdo frita ideal: blanda por dentro y tostada por fuera. Como verán en la receta, se pueden hacer en una cazuela o en la olla exprés («olla de presión», le decimos en la isla). Yo prefiero la olla, tal como me enseñó mi madre, porque así las masitas quedan aún más tiernas.

Las masas de cerdo fritas se sirven tanto para picar como de plato principal; en este último caso, combinadas con arroz blanco, frijoles negros, ensalada de tomates y tostones o plátanos maduros fritos. Todas estas recetas también aparecen en el libro.

4 raciones

Ingredientes:

2 solomillos de cerdo pequeños
(1 kg, 2,2 lb, aproximadamente)

Sal

750 g (26 oz) de manteca de cerdo o,
en su defecto, aceite vegetal

Preparación:

En la olla exprés:

Cortamos los solomillos en rueditas de 2 a 3 centímetros de ancho (1 pulgada). Deben quedar trozos casi cuadraditos. Los salamos al gusto y los ponemos en la olla exprés con grasa que los cubra. Los cocinamos a fuego medio-alto. Cuando la olla lleve unos 12 minutos pitando, la retiramos del fuego y dejamos que se vaya la presión. Colocamos otra vez la olla en el fuego, esta vez destapada. Seguimos cocinando las masas de cerdo otros 15 minutos hasta que se doren. Las dejamos reposar en la manteca media hora antes de servirlas.

En la cazuela:

Vertemos la manteca en una cazuela y añadimos las masas de cerdo saladas al gusto y 125 mililitros (1/2 taza) de agua a temperatura ambiente. Tapamos y cocinamos a fuego medio durante 1 hora y 15 minutos aproximadamente, hasta que estén tiernas. Destapamos la cazuela y cocinamos otros 15-20 minutos hasta que se doren.

Si preparamos mayor cantidad de carne, debemos cocinarla a fuego medio unos 15 minutos más, tanto en la olla a presión como en la cazuela.

El mejor modo de conservarlas es dentro de su grasa, así no hay necesidad de guardarlas en el frigorífico. Duran bastante tiempo y es el método al que recurrían los campesinos cubanos cuando aún no tenían corriente eléctrica.

papas rellenas

Las papas rellenas son excelentes para cualquier ocasión. Se pueden tomar de merienda, durante el brunch o en una fiesta, y, cómo no, también de plato fuerte acompañadas de arroz con frijoles y ensalada. Es común encontrarlas a la venta en las cafeterías cubanas junto a los pasteles de guayaba, las empanadas y las croquetas.

En casa, las preparábamos en equipo: mami les ponía la carne dentro y les daba forma, yo las pasaba por huevo, y mi padre les daba el toque final pasándolas por pan rallado antes de freírlas.

Se pueden rellenar de queso, jamón o chorizo, pero lo más común en Cuba era rellenarlas con picadillo a la habanera, hecho sin pasas ni aceitunas.

18 unidades

Ingredientes:

2 kg (4.4 lb) de papas (patatas)

1 taza de picadillo a la habanera (pag. 172)

4 huevos batidos

1 ½ taza de pan rallado

Sal

Pimienta (opcional)

Abundante aceite vegetal para freír

Preparación:

Ponemos a hervir agua en una cazuela grande y agregamos sal a gusto. Pelamos las papas, las cortamos en trozos de 5 centímetros y las hervimos durante 20 minutos aproximadamente, hasta que estén tiernas.

Majamos las papas y tomamos dos cucharadas grandes del puré, hacemos una bolita con éste y le abrimos una hendidura para colocar una cucharadita de picadillo. La cerramos dejando el picadillo en el centro y dándole otra vez una forma esférica. Reservamos. Repetimos la operación con el resto de la masa.

Calentamos el aceite en una sartén honda o una cazuela. Si tenemos una freidora eléctrica, la ponemos a 190°C (375°F).

Pasamos cada una de las bolitas por los huevos batidos con una pizca de sal y pimienta, luego por el pan. Rectificamos la forma si es necesario. Las freímos en aceite caliente que las cubra unos 3 minutos, hasta que se doren. Al retirarlas, las colocamos sobre papel absorbente para eliminar el exceso de grasa.

Se pueden acompañar con una ensalada y/o con su salsa preferida (marinara, golf o alioli).

tamales

Aunque esta receta puede ser elaborada por una sola persona, tradicionalmente se prepara en familia para aligerar la faena. Uno pela el maíz, otro lo limpia y otro lo ralla o muele, mientras se cocina la carne o se hace el sofrito. Una vez lista la masa, las tareas se dividen en hacer las bolsitas y rellenarlas, y en taparlas y atarlas con el bramante o cordel de cocina.

Si puede comprar maíz molido, ahorrará mucho trabajo. El maíz para esta receta no puede ser dulce y debe estar tierno. Si no está tierno, se dejan los granos en remojo durante un par de horas antes de molerlos. Y si la masa está seca, se agrega un poco de leche.

Si utiliza hojas de maíz secas, que pueden conseguirse en algunos mercados, remójelas durante 30-45 minutos, escúrralas y séquelas con un paño antes de comenzar a rellenarlas.

12 unidades

Ingredientes:

1,3 kg (4 ½ tazas) de maíz molido

2 tazas de masas de cerdo fritas (pág. 26) cortadas en trozos de 3-4 cm

25-30 hojas de maíz secas o frescas

Para la salsa criolla:

1 pimiento verde mediano bien picado

1 cebolla mediana bien picada

5 dientes de ajo machados

4 cucharadas de aceite

1 lata de 230 g (8 oz) de salsa de tomate

1 tomate mediano bien picado

125 ml (½ taza) de agua

1 hoja de laurel

Sal

Pimienta

Preparación:

Preparamos la salsa criolla en una olla mediana. Para ello, calentamos el aceite, pochamos el pimiento y la cebolla, añadimos los ajos y el tomate, sofreímos 2 minutos y agregamos el resto de los ingredientes. Cocinamos durante 10-12 minutos a fuego medio hasta que el agua se evapore. Lo dejamos enfriar 15 minutos y lo mezclamos con el maíz molido y las masas de cerdo. Rectificamos la sal.

Para armar un tamal hacemos una especie de bolsita enrollando una hoja grande de maíz en forma de cono. La parte más ancha formará la boca de la bolsita, mientras que la estrecha la plegamos hacia arriba, más o menos por la mitad del cono, para que el doblez forme el fondo de la bolsa. La sujetamos con la mano y vaciamos en ella unas cuantas cucharadas de la masa, sin llenarla demasiado y asegurándonos de que tenga trozos de carne. Para cerrar el tamal, enrollamos la bolsita con otra hoja dispuesta a la inversa (usando luego, para doblarla, el mismo procedimiento ya explicado). Finalmente, atamos el tamal con un bramante, asegurándonos de que no se abra, pero con cuidado de no romper las hojas. Una vez atada la bolsita, la apoyamos en algún recipiente o sitio que permita situarla en posición vertical (con la boca hacia arriba, no vaya a derramarse la masa). Repetimos el proceso con el resto de la masa y las hojas.

Ponemos a hervir abundante agua en una cazuela y agregamos una cucharada de sal. Echamos los tamales y los cocinamos a fuego medio-alto, entre 45 minutos y 1 hora.

Los servimos con salsa picante o kétchup por encima.

yuca frita

Las yuquitas fritas son extraordinariamente fáciles de hacer y su popularidad se ha extendido a la comunidad latinoamericana de Miami desde que fueron incluidas en el menú de una cadena de comida cubana de esta ciudad.

La clave para que queden perfectas es cortarlas en deditos de no más de 2.5 centímetros (1 pulgada) de ancho y dejar que la yuca se escurra bien una vez hervida. También pueden prepararse con las sobras de la yuca con mojo.

Recomiendo que no dejen de probarlas con este alioli rápido de perejil.

4 raciones

Ingredientes:

2 yucas cocidas (pág. 140)
sin el palillo del centro

Abundante aceite vegetal para freír

Para el alioli rápido:

3 cucharadas de mayonesa

1 diente de ajo

1 puñado de perejil

Preparación:

Freímos las yucas cortadas en deditos durante 5 minutos en aceite bien caliente. Si tenemos una freidora, la ponemos a 190°C (375°F). Una vez fritas las colocamos sobre papel absorbente para eliminar el exceso de grasa.

Mientras tanto, preparamos el alioli, machacando el ajo con el perejil en un mortero y añadiendo la mayonesa, o pasando todo por la batidora.

Las servimos con el alioli a modo de *dip* o salsa para acompañar. También podemos servirlas como guarnición.

Sandwiches

sándwich cubano

El sándwich cubano es la comida rápida más famosa de la isla. Su origen, no obstante, es disputado por dos ciudades de la Florida: Ybor City, una vecindad de Tampa que para fines del siglo XIX ya empleaba numerosos trabajadores cubanos en la industria tabacalera, y Miami, destino por excelencia de la emigración cubana. La disputa no se reduce al origen. El sándwich de Tampa lleva salami, presumiblemente incorporado por inmigrantes italianos que también laboraban en la ciudad hacia fines del siglo XIX. En Miami, por el contrario, nadie esperaría encontrar una loncha de salami en ningún emparedado que se anuncie como sándwich cubano. Eso sí, todo el mundo está de acuerdo en que viene bien a cualquier hora del día: lo mismo de desayuno, con café con leche, que de almuerzo o cena, con un buen zumo o un batido de frutas.

2 unidades

Ingredientes:

1 barra de pan cubano
(o en su lugar, baguette)

2 cucharadas de mostaza

450 g (1 lb) de jamón de pierna
o jamón York cortado en lonchas finas

450 g (1 lb) de lechón (cerdo) asado
(pág. 162) cortado en lonchas finas

4 lonchas de queso suizo

2 pepinillos en conserva
cortados en rodajas

Aceite de oliva virgen extra

Preparación:

Cortamos a lo largo el pan cubano y untamos mostaza en una de sus tapas. Colocamos dentro el jamón, el cerdo asado, el queso y los pepinillos. Tapamos y cortamos por la mitad a lo ancho, para hacer dos sándwiches grandes. Los untamos de aceite de oliva usando una brocha y lo ponemos a la plancha para que se dore, se tueste y se le derrita el queso.

Cortamos cada parte en 2, diagonalmente, formando 4 triángulos.

medianoche

Se dice que este sándwich lo comían quienes regresaban a medianoche de los bailes o las fiestas. Y que de ahí proviene su nombre. Es muy parecido al sándwich cubano, sólo que más pequeño y con un pan suave y medio dulzón semejante al que usamos para los perritos calientes.

Cada vez que caliento un medianoche en la plancha (o sandwichera) me acuerdo de mis años de estudiante universitaria en Cuba, a inicios de la década de los noventa. En ese entonces, yo ponía un pan untado con manteca de cerdo y sal dentro de un cuaderno al que le colocaba encima una plancha de ropa encendida. Era la única manera de desayunar un emparedado caliente y, sobre todo, de mejorar el sabor del pan, viejo y seco. ¡Tal era la escasez!

4 unidades

Ingredientes:

4 panes de medianoche

2 cucharadas de mayonesa

2 cucharadas de mostaza

450 g (1 lb) de lechón (cerdo) asado
(pág. 162) cortado en lonchas finas

450 g (1 lb) de jamón de pierna
o jamón de York cortado en lonchas finas

4 lonchas de queso suizo

2 pepinillos en conserva
cortados en rodajas

2 cucharadas de mantequilla

Preparación:

Cortamos el pan por la mitad y untamos la parte de abajo con mayonesa y la de arriba con mostaza. Colocamos las lochas de jamón, queso y carne de cerdo asada. Añadimos los pepinillos, tapamos y untamos con mantequilla por fuera.

Colocamos el sándwich en una plancha hasta que se dore y se derrita el queso.

Cortamos a la mitad. Suele hacerse en diagonal.

pan con lechón

En Cuba, durante el verano, recorría con mis amigos los carnavales de todos los pueblos vecinos. Tengo muchísimos recuerdos de aquellas fiestas a las que nos íbamos casi siempre subidos en camiones de carga que acomodaban con bancos rústicos de madera y una lona encima, a falta de medios de transporte más adecuados.

En cada pueblo buscaba el puesto de Tomasito, un amigo de mi padre que trabajaba de bodeguero el resto del año, pero que en carnavales recorría toda la provincia vendiendo sus sándwiches. Él siempre le ponía bastante carne a mis bocaditos y los preparaba riquísimos, con mojo y tomate verde.

A él va dedicada esta receta, que es más bien un pan con mi versión libre de la montería, un plato que preparamos los cubanos con las sobras del lechón asado el día después de las fiestas.

4 unidades

Ingredientes:

½ kg (1 lb) de sobras
de lechón (cerdo) asado (pág. 168)

½ cucharadita de comino en polvo

½ cucharadita de orégano en polvo

½ cucharadita de laurel en polvo

½ pimiento rojo

½ pimiento verde o amarillo

1 cebolla blanca

½ taza de vino seco
o vino blanco seco para cocinar

Sal

1 pan cubano o en su lugar baguette

4 lascas de queso suizo

Preparación:

Desmenuzamos bien la carne y eliminamos la grasa. La adobamos con el comino, el orégano y el laurel.

Cortamos los pimientos y la cebolla en juliana.

Para preparar la montería, calentamos una sartén antiadherente grande a fuego alto y le echamos la carne. Cuando se caliente la carne (unos 2-3 minutos), vertemos el vino y cuando éste se haya reducido casi en su totalidad, añadimos los pimientos y la cebolla. Rectificamos la sal y seguimos cocinando unos 3 minutos más, removiendo constantemente.

Cortamos el pan en 4 raciones, lo abrimos y le ponemos dentro un poco de montería y una lasca de queso.

variaciones del Elena Ruth

En su libro Cocina cubana: 350 recetas criollas, Raquel Roque relata que, en los años cincuenta, vivía en La Habana una solterona hija de americanos llamada Elena Ruth. Elena gustaba del ballet y era asidua a las funciones del antiguo teatro Auditorium (luego Amadeo Roldán), de donde se dirigía a la cercana cafetería El Carmelo, de la calle Calzada. Allí pedía un sándwich que no estaba en el menú, con jamón de pavo, mermelada de fresa y queso crema tipo Philadelphia.

Así surgió el sándwich y la leyenda, aunque algunos dicen que, en realidad, Elena era cubana y su apellido era Ruz. El Elena Ruth es una mezcla rara, pero deliciosa. Se prepara con el llamado pan de medianoche: alargado, dulce y suave, hecho a base de huevo. A mí me encanta servirlo en fiestas o llevarlo a los picnics. Hago para todos los gustos, combinando diferentes quesos y mermeladas. Mi preferido es el de queso azul con mermelada de higos, pero lo cierto es que todos son muy sabrosos.

Ingredientes:

Pan de medianoche

Jamón de pavo

Quesos + mermeladas:

Brie + frambuesa

Suave de cabra + arándanos

Azul (Cabrales) + higos

Boursin de ajo + cuajada de limón

Preparación:

Es importante que los quesos estén a temperatura ambiente.

Untamos una tapa del pan con el queso y la otra con la mermelada según la combinación elegida. Colocamos en medio el jamón de pavo, lo cerramos y lo calentamos en la sandwichera, haciendo un poco de presión. Se corta a la mitad diagonalmente como el sándwich cubano o la medianoche.

Cuando hago estos sándwiches para picnics los envuelvo en papel encerado en el momento de calentarlos y evito el corte diagonal para que sea más fácil empacarlos en la cesta.

croqueta preparada

La croqueta preparada es una especialidad de Miami. Sin embargo, no es como la merienda o aperitivo del mismo nombre que existía en Cuba antes de 1959, donde las croquetas se servían acompañadas de galletas de soda y entremés de jamón y queso, pero nunca con pan. Aunque en la casa sí era habitual comer pan con croqueta, no se le agregaban otros ingredientes. Es en Miami donde la croqueta preparada fue transformada en un peculiar y apetitoso sándwich cubano.

Ingredientes:

Pan suave

Jamón York o de pavo en lascas

Croquetas de jamón, carne o pollo

Queso suizo o Chedar en lonchas

Mayonesa

Mostaza, preferiblemente de Dijon

Kétchup

Mantequilla (opcional)

Preparación:

Cortamos el pan a la mitad transversalmente. Untamos por dentro una tapa con mayonesa y la otra con una mezcla de kétchup y mostaza. Colocamos entre las dos tapas el jamón, el queso y las croquetas.

Ponemos mantequilla en la parte exterior del sándwich y lo colocamos en la plancha o sandwichera, presionándolo sin que se salga la croqueta, hasta que esté doradito y tostado.

Servimos con refresco o batido de frutas.

minuta con pan

En mi juventud, la minuta con pan era una de las ofertas habituales en los merenderos o cafeterías cubanas. Las hacían rebozadas, muy diferentes de las de casa. Nunca pude saber qué le ponían a aquel «empanizado» de color amarillo intenso. Tal vez fuera bijol... Mi mamá siempre preparaba la minuta con huevo y galletas de manteca molidas. Yo me he decidido por el empanizado con panko. Este producto japonés está hecho de pan de trigo sin corteza y es mucho más grueso, aireado y ligero que el pan rallado que conocemos. Además, gusta más el resultado visual y tiene la ventaja de absorber menos grasa que el pan o la galleta rallados.

2 unidades

Ingredientes:

Para el pescado:

2 pescados pequeños de aproximadamente ¼ de kg (½ lb)

Sal

½ taza de harina

1 huevo

1 taza de panko

Abundante aceite vegetal para freír

Para la salsa:

2 cucharadas de mayonesa

1 cucharadita de rábano picante preparado

La ralladura de 1 limón

3 ó 4 gotas de Tabasco

2 panecillos

½ cebolla blanca mediana picadita

Salsa picante (opcional)

Preparación:

Podemos pedir en la pescadería que nos preparen las minutas o hacerlo en casa.

Después de escamar el pescado le cortamos la cabeza y eliminamos los intestinos. Le damos corte longitudinal por el lomo, hasta la cola, y otro por el lado opuesto hasta el mismo sitio. Separamos los dos filetes con la punta del cuchillo, pegado al espinazo y tratando de dejar intacta la masa. Cortamos el espinazo donde empieza la cola, con un cuchillo o unas tijeras de cocina, con cuidado de que no se desprendan los filetes.

Revisamos que no le queden espinas. Las salamos al gusto. Empanizamos pasando primero por harina, luego por huevo y finalmente por panko.

Calentamos el aceite y, mientras, mezclamos los ingredientes de la salsa.

Freímos las minutas en el aceite caliente, un par de minutos por cada lado y las colocamos sobre papel de cocina para que escurran la grasa.

Para montar el sándwich, colocamos la minuta sobre la parte inferior del pan y luego le ponemos por encima la salsa de mayonesa y rábano picante, las cebollitas, salsa picante y, si queremos, le rociamos un poco de zumo de lima o limón. Para mí, con el limón rallado de la salsa de mayonesa es suficiente.

frita cubana

Hace años, cuando regresaba de las discotecas de madrugada, me paraba a comer frita en una cafetería de Miami que abre las 24 horas. Uno de esos días me comí tres. Ahora casi no lo creo, aunque para mí las fritas cubanas siguen siendo un «vicio». Adoro el toque crujiente que le dan esas pequeñas papitas fritas que venden ya listas para servir.

Hay quienes preparan la frita sin chorizo, pero sazonan la carne con pimentón dulce para darle el sabor a chorizo que caracteriza a la frita cubana. En cuanto al tamaño, queda a vuestro gusto. Yo sugiero las de tipo sliders, que tan de moda están ahora para servir en las fiestas de fingerfood.

10 unidades

Ingredientes:

Para la frita:

1 kg (2.2 lb) de carne de res (ternera) molida o picada

½ kg (1 lb) de picadillo de chorizo

½ pimiento verde

½ pimiento rojo

½ cebolla mediana

½ taza de hojas de cilantro (sin apretar mucho)

Sal

Pimienta

10 panecillos para hamburguesas

Kétchup

Mostaza

Papitas (patatas) fritas fosforito o palito

Preparación:

Mezclamos bien los ingredientes de la frita, salpimentando al gusto.

Preparamos una bolita de 5 centímetros (2 pulgadas) de diámetro con la masa, como si fuéramos a hacer albóndigas, y luego la aplastamos para formar una pequeña hamburguesa. No la aplastamos mucho, sino que dejamos que quede más bien gruesa y con la yema de un dedo, hacemos una especie de cráter pequeño en uno de los lados, este pequeño detalle ayuda a conservar los jugos de la carne.

Colocamos la frita sobre papel encerado o papel de horno y repetimos la operación hasta terminar la carne.

Precalentamos la parrilla y cocinamos primero las fritas por el lado que no tiene el cráter. Cuando estén doradas y se despeguen sin problemas de la parrilla, las volteamos. Evitaremos cocinarlas demasiado y trataremos de no tener que volver a darles la vuelta. Si no tenemos parrillada, las cocinamos en una sartén antiadherente a fuego alto siguiendo los mismos pasos.

Cortamos los panes a la mitad y untamos la tapa de encima con mostaza y kétchup al gusto. Ponemos dentro la frita y un puñado de papitas.

pan con bistec y tomate

Es difícil decidir entre comerse este bistec con un plato de arroz y frijoles negros y ensalada de aguacate, o dentro de un pedazo de pan con esas papitas que ya venden listas para comer y que también ponemos a las fritas cubanas. Esta receta va con tomate rallado en el pan, a diferencia de la tradicional, que acostumbra a ponerle un par de cucharadas del aceite con el que se ha freído la carne.

4 unidades

Ingredientes:

4 filetes res (ternera) cortados finos

Sal

Pimienta

Zumo de 1 limón

2 dientes de ajo machacados
más 1 diente de ajo entero

2 cucharadas de aceite
de oliva virgen extra

1 cebolla blanca grande
cortada en juliana o en ruedas

Papitas (patatas) fritas fosforito o palito

1 pan cubano o una baguette

1 tomate cortado en cuartos

Preparación:

Salpimentamos los filetes y los colocamos en un cuenco con tapa. Le agregamos el ajo machacado y el limón, y los ponemos a macerar, al menos, media hora, dentro del frigorífico. Se pueden preparar desde el día anterior.

Calentamos el aceite a fuego alto en una sartén grande y freímos la carne vuelta y vuelta. Añadimos la cebolla y la ponemos debajo de la carne. Reducimos el fuego al mínimo y cocinamos unos 5 minutos. Cortamos la baguette en 4 y cada pedazo a lo largo, a la mitad. Tostamos el pan por la parte de adentro en una sartén y frotamos esa parte tostada con el diente de ajo entero y el tomate. Hacemos 4 sándwiches con los 4 filetes y repartimos la cebolla y le agregamos papitas al gusto.

pan con tortilla de plátanos

De España nos llegó la tortilla de patatas e hicimos nuestra versión caribeña con plátano maduro frito en lugar de papas. A mí me gusta ponerle cebolla morada cocida lentamente, como lo hacía mi abuelo paterno. Una amiga le pone queso de Cabrales desmoronado y el resultado es fantástico.

6 unidades

Ingredientes:

1 plátano maduro frito (pág. 126)

4 cucharadas de aceite de oliva virgen extra

½ cebolla morada cortada en juliana

6 huevos grandes

Sal

6 panecillos cubanos

Preparación:

Calentamos el aceite de oliva en una sartén y agregamos la cebolla. Pochamos a fuego lento, durante 15 minutos aproximadamente, hasta que esté muy tierna.

Batimos los huevos, añadiendo sal al gusto. Subimos a fuego medio y vertemos la mezcla en la sartén. Cocinamos durante 3 minutos, moviendo la sartén hasta que el líquido cubra los bordes y se cocine pareja la tortilla. Añadimos los plátanos maduros fritos y cocinamos otros 2 minutos. Viramos la tortilla con la ayuda de una tapa o un plato. La tapamos y cocinamos 3 minutos más.

Colocamos la tortilla en un plato, la cortamos en 6 raciones y la servimos a modo de bocadito, en medio de los panecillos cubanos previamente cortados por la mitad.

sándwich del Nene

Eugenio Tuya es editor, cubano y español. Radica en Madrid.

Los primeros recuerdos que tengo del pan tienen que ver con mi barrio de El Cerro. En una época uno de los más antiguos y elegantes de La Habana que, poco a poco, se fue degradando hasta convertirse en un suburbio casi marginal. Allí, cerca de casa, estaba nuestra panadería con sus largas colas que mi abuela hacía para asegurarnos 80 gramos de premio. En aquellos años de tanta escasez, el pan fue el sostén de muchos cubanos.

Desde pequeño, siempre soñé mi ciudad repleta de sitios con sándwiches crujientes de queso fundido. Me contaba mi madre que en otros tiempos la ciudad estuvo llena de cafés, fondas y restaurantes pero yo no viví esa Habana. No tengo esos recuerdos.

Quizá de ahí viene mi obsesión por el queso fundido, las terrazas con mesas y sillas de Viena y el buen pan. Donde quiera que voy, el desayuno para mí es «El Momento». He pasado por los bocadillos de pan negro ruso, los maravillosos emparedados alemanes y los delicados sándwiches de huevo duro y mayonesa de Japón, hasta llegar a Madrid, donde los cubanos aprendemos rápido, que si pides un sándwich, te servirán un modesto pan de molde con jamón york y queso.

2 unidades

Ingredientes:

1 cucharada grande de aceite de oliva

2 panes de chapata

4 lonchas de lacón cocido

4 lonchas de queso Emmental

Para la mezcla de cebollas caramelizadas:

1 cucharada grande de aceite de oliva

1 cucharada grande de mantequilla

1 cucharada de vinagre balsámico

1 cebolla grande morada cortada en juliana

1 cuchara de sirope de Arce o miel

¼ de cucharadita de sal

Pimienta negra molida

Preparación:

Preparamos la cebolla caramelizada. Calentamos el aceite de oliva y la mantequilla en una sartén grande a fuego medio. Añadimos la cebolla y salteamos durante 5 minutos. Agregamos el sirope de arce y la sal. Bajamos el fuego y cocinamos otros 10 minutos, removiendo de vez en cuando hasta conseguir una mezcla de sabor dulce y ácido. Agregamos el vinagre balsámico, la pimienta y cocinamos un par de minutos más. Reservamos.

Montamos los sándwiches. El pan de chapata es mi favorito, aunque podemos sustituirlo con otro de cualquier a tipo. Untamos con aceite una sartén pesada y la calentamos a fuego muy bajo. Cortamos los panes horizontalmente y colocamos las rebanadas inferiores en la sartén. Extendemos sobre ellas 2 cucharadas de la mezcla de cebolla y cubrimos cada una de las rebanadas con 2 lonchas de lacón y luego con 2 de queso. Tapamos con las rebanadas superiores y los cocinamos hasta que el que el queso comience a fundirse y los panes estén bien crujientes, aproximadamente 3 minutos por cada lado.

Podemos servirlo con un batido o zumo. Sus amigos regresarán siempre.

Ensaladas

ensalada de aguacate

Lo último que comí antes de subir al barco que me trajo a Estados Unidos fue un aguacate, pero no en ensalada, sino quitándole la semilla y despegando la masa con una cuchara que alguien sacó de una mochila. Nunca antes lo había comido así. Tampoco conocí en Cuba el guacamole ni esos aguacates pequeños con los que se suele preparar el famoso dip mexicano. Los aguacates que se cultivan en la isla son grandes y su masa gruesa y carnosa. Lo comíamos siempre en ensalada, raras veces mezclado con otras frutas o vegetales. Se preparaba de diferentes modos, con un aliño a base de aceite y vinagre, con cebollas picaditas por encima, o como en la siguiente receta.

4 raciones

Ingredientes:

1 aguacate maduro

Sal al gusto

El zumo de ½ limón

Preparación:

Pelamos el aguacate. El mejor modo de hacerlo es cortarlo por la mitad a lo largo. Tiramos de una de las mitades y esta se desprenderá de la semilla. Para separar la semilla de la otra mitad, colocamos la fruta sobre una superficie lisa, enterramos la parte del medio de la hoja del cuchillo de un golpe en la semilla y tiramos con fuerza, de una vez, hacia atrás. La semilla quedará pegada al cuchillo. Para separarla de este, repetimos el golpe hacia delante sobre, la encimera o meseta con el mango del cuchillo. Luego, para quitarle la cascara, cortamos cada mitad en dos, picamos la punta y tiramos hacia afuera la piel con ayuda del cuchillo.

Cortamos cada cuarto en lascas transversales de un dedo de ancho, ponemos sal al gusto y el zumo de limón por encima.

El aguacate se oxida rápidamente, por lo que es preferible que preparemos la ensalada cuando el resto de la comida esté lista. El zumo de limón demora la oxidación.

ensalada de lechuga y tomate

La comida cubana suele estar condimentada. No pasa lo mismo con las ensaladas. La gran mayoría se aderezan sólo con sal, vinagre y aceite.

Además, en mi tierra, las ensaladas casi siempre se sirven como acompañante y no como primer plato. Una de las características de la comida cubana es que no se divide en platos, sino que se sirve todo al mismo tiempo. Una cena rápida, ligera y perfecta podría ser arroz blanco, bistec de res o de cerdo encebollado y esta ensalada de lechuga y tomate.

2 raciones

Ingredientes:

6-7 hojas de lechuga criolla

2 tomates

3 cucharadas de aceite de oliva virgen extra

1 cucharadita de vinagre blanco
o vinagre de manzana

Sal

Preparación:

Lavamos bien las lechugas, las escurrimos o las secamos con papel de cocina y las cortamos en tiras de un dedo de ancho con ayuda de unas tijeras de cocina.

Lavamos bien los tomates, eliminamos las puntas y los cortamos en ruedas de 5 milímetros usando un cuchillo bien afilado.

Extendemos la lechuga sobre una bandeja, acomodamos sobre ella las ruedas de tomates y le ponemos sal al gusto.

Echamos el aceite y el vinagre en un cuenco pequeño, los mezclamos con un tenedor y rociamos toda la ensalada con este aderezo.

ensalada fría a la cubana

Me han dicho que todavía, en algunas fiestas de Cuba, la comida se reparte en cajitas de cartón. Cuando yo era niña siempre fue así, lo mismo en, bodas, quinces o cualquier otra fiesta. Las cajitas se preparaban con antelación, acomodando dentro de ellas pastelitos, croquetas, bocaditos (sándwiches) y una ensalada como la de esta receta. En el caso de los cumpleaños, el cake (como le decimos en Cuba a la tarta) se agregaba después de que el homenajeado soplara las velas. La cajita, por tanto, tenía un «sabor» único. Sus componentes siempre terminaban mezclados. Lo mismo te comías una croqueta con merengue del cake, que pastelitos untados con mayonesa de la ensalada.

A ésta le puse atún en conserva, pero suele prepararse también con jamón o pollo. La manzana se puede intercambiar por piña, ambas aportan un contraste dulce que le da un toque espectacular a este plato.

20 personas

Ingredientes:

450 g (16 oz) de macarrones

200 g (7 oz) de atún en conserva

1 cucharada de pimienta negra
(o blanca) molida

2 cucharadas de mostaza Dijon

3 cucharadas de mostaza

850 g (30 onzas) de mayonesa

3 manzanas pequeñas (o 2 grandes)
peladas y cortadas en cuadritos
de 2 cm (⅔ de pulgada)

1 cebolla blanca grande bien picadita

3 papas medianas

5 huevos

425 g (15 onzas) de pimientos
en conserva, picados en cuadritos pequeños
y unas tiras para adornar

425 g (15 onzas) de guisantes
en conserva escurridos

Sal

Preparación:

Cocinamos la pasta según las instrucciones del paquete, asegurándonos de que quedan al dente para que no se partan al mezclar los macarrones con el resto de los ingredientes. La escurrimos, la enjuagamos y la volvemos a escurrir. Dejamos que se refresque.

Hervimos los huevos y las papas y dejamos que se enfríen. Luego, los cortamos en cubitos de 2 cm (⅔ de pulgada).

Mezclamos la pasta con la mayonesa, la pimienta y las mostazas. A continuación, añadimos el resto de los ingredientes. Las papas y los guisantes los agregamos al final para que no se desbaraten. Una vez incorporados todos los ingredientes, adornamos la ensalada, la tapamos con papel film y la guardamos en el frigorífico, preferiblemente de un día para otro.

ensalada de ajíes asados

Zoe Plasencia es ingeniera en sistemas, fotógrafa y escritora cubana radicada en Miami. Ella es una de las inspiradoras de este libro.

Las tiritas de ajíes (pimientos) asados que mi abuela dejaba en una bandeja, encima de la mesa de la cocina, tenían la virtud de desaparecer antes de que ella preparara la ensalada. Cuando el olor de los ajíes, puestos en el horno, empezaba a inundar la casa, no había quien pudiera resistirse. Toda mi familia quedaba atenta a un pequeño descuido para atrapar alguno de esos trozos cortados con tanto esmero, aún a riesgo de ser sorprendidos por mi abuela.

Es que el ají asado es una pasión. Ese sabor ahumado, mezclado con el propio dulce que trae la pulpa, lo hace irresistible. Sin embargo, es una guarnición muy fácil de hacer. Lo único que se necesita son buenos ajíes, no importa de qué color. Ya sean verdes, rojos o amarillos o una combinación de todos ellos, el resultado siempre será una deliciosa ensalada, fresca y nutritiva. Aunque en Cuba es más habitual llamarlos "ajíes", también es conocido el término "pimiento" usado en España.

4 raciones

Ingredientes:

4 ajíes (pimientos) medianos
de colores variados

2 cucharadas de aceite de oliva virgenextra
+ 1 cucharadita para asar los ajíes

1 cucharada de vinagre blanco

Sal gruesa

¼ de un limón

Preparación:

Precalentamos el horno a 200°C (400°F). Forramos una bandeja resistente al horno con papel de aluminio y colocamos en ella los cuatro pimientos enteros, untados de aceite de oliva.

Bajamos la temperatura al horno a 180°C (350°F) y ponemos la bandeja en la parrilla del medio. Los cocinamos aproximadamente unos 50 minutos.

Una vez hechos y aún calientes, los ponemos dentro de una bolsa de plástico y la cerramos bien. Dejamos reposar una media hora. Esta técnica tiene dos propósitos, el primero es que, al refrescarse los ajíes, su piel sude y se contraiga, para eliminarla con más facilidad. Y el segundo, recuperar los jugos que sueltan mientras se enfrían. Este líquido es excelente para conservar luego los ajíes en el frigorífico.

Preparamos la vinagreta: En un bol pequeño, echamos el aceite de oliva virgen extra junto al jugo de limón. Batimos hasta que emulsione. Añadimos el vinagre y volvemos a batir. Agregamos sal al gusto y reservamos.

Una vez fríos los ajíes, colamos el jugo que queda en la bolsa y también lo reservamos. Retiramos la piel de los pimientos con las manos, sin mojarlos. Y con un buen cuchillo, sobre una tabla, retiramos el tallo, las semillas y las venas. Los cortamos en tiras y aliñamos con la vinagreta.

Si nos quedan restos los podemos colocar en un recipiente de vidrio con tapa, cuidando de sumergir las tiras en el jugo de su propia cocción, que hemos reservado antes. Al día siguiente, esos ajíes estarán aún más sabrosos.

ensalada de berro

Mi esposo es la persona a la que más le gusta el berro en el mundo. A mí me gusta también, pero si es con jamón frito y pan, mucho mejor.

Y es que el berro tiene un sabor amargo que no siempre resulta agradable al paladar, por eso prefiero ponerle un poquito de miel de abejas al aliño. Esto lo aprendí de mi tía Rosy, cuando iba a pasar las vacaciones a su casa de Camagüey.

2 raciones

Ingredientes:

2 tazas abundantes de berro

¼ de cebolla blanca pequeña

¼ de taza de aceite de oliva virgen extra

1 cucharadita de jugo de limón

½ cucharadita de miel de abejas

Sal

Pimienta

Preparación:

Lavamos el berro y eliminamos los tallos gruesos. Lo escurrimos.

Cortamos la cebolla en juliana.

Preparamos el aliño, batiendo el resto de los ingredientes en un cuenco pequeño hasta que el aceite emulsione. Mezclamos con el berro y la cebolla en una fuente grande o una bandeja. Dejamos reposar la ensalada unos 10 minutos antes de servirla.

ensalada de papas, huevos y sardinas

Mi madrina decía que esta ensalada quedaba mucho más rica con bacalao, pero a mí siempre me ha encantado con sardinas. Así la preparábamos en Cuba cuando lo único que teníamos a mano eran las sardinas rusas.

Me encanta ponerle tomates secos y/o pimientos asados. La recomiendo como cena ligera, perfecta para cuando arrecia el calor.

4-5 raciones

Ingredientes:

3 papas (patatas) medianas

3 huevos

200 g (7 ½ oz)
de sardinas en conservas

⅓ de cebolla morada

4 mitades de tomates secos

2 cucharadas de aceite de oliva virgen extra

Sal

Pimienta

Preparación:

Ponemos a hervir agua suficiente como para cubrir las papas y mientras las vamos pelando. Agregamos las papas y media cucharadita de sal cuando hierva el agua. Cocinamos durante 20 minutos con la cazuela destapada y, al terminar, escurrimos y dejamos enfriar un poco antes de cortarlas en cuartos y rociarlas con el aceite.

Mientras se cocinan las papas, ponemos en remojo los tomates secos y cocemos los huevos.

Para hacer los huevos duros perfectos debemos sacarlos del frigorífico un rato antes de ponerlos a hervir en una cazuela destapada con abundante agua que los cubra, al menos tres centímetros por encima, y cocinarlos a fuego medio-alto hasta que hierva el agua. Tapamos la cazuela y la retiramos del fuego. Dejamos reposar los huevos en agua caliente 15 minutos (sin quitar la tapa). Escurrimos el agua caliente, agregamos agua bien fría y los dejamos reposar otro rato hasta que se enfríen bien. Luego, los pelamos bajo el chorro de agua.

Cortamos los huevos en 4. Escurrimos las sardinas y las cortamos toscamente en 2 o 3 trozos. Picamos en trocitos pequeños los tomates previamente escurridos y cortamos la cebolla en juliana bien finita.

Mezclamos todos los ingredientes y salpimentamos al gusto. Dejamos reposar aproximadamente media hora antes de servir para que los sabores se mezclen. También podemos guardarla en el frigorífico y disfrutarla al día siguiente.

ensalada de lentejas

Mi primo Abdel, que siempre fue de mal comer, no probaba lentejas hasta que conoció esta ensalada. Es fácil de preparar, llena bastante, es muy nutritiva y queda con una textura crocante. Se prepara en poco más de 30 minutos, aunque luego debe pasar un par de horas en el frigorífico para que se mezclen y acentúen los sabores. De un día para otro también queda sabrosa. Recomiendo añadir el rábano en el momento de servirla, para que no adquiera los colores de los demás ingredientes; aunque también puede cortarse en cuadritos pequeños y añadirlos desde el principio.

4-6 raciones

Ingredientes:

1 taza de lentejas secas

½ cebolla morada picadita

½ pimiento picadito
(rojo, amarillo o naranja)

2 cucharadas de perejil fresco picadito
y unas cuantas hojitas para adornar

La ralladura de un limón
y 1 cucharada de su zumo

2 cucharadas de aceite de oliva virgen extra

1 cucharada de vinagre balsámico

1 cucharadita de comino en polvo

4 rabanitos

Sal

Pimienta

Preparación:

Lavamos las lentejas y las echamos en una cazuela mediana con 3 tazas de agua. Tapamos la cazuela y la ponemos en el fogón a fuego medio. Cocinamos durante 30 minutos hasta que las lentejas estén tiernas sin que se abran mucho ni llegue a espesarse el caldo. Las escurrimos, las enjuagamos y las volvemos a escurrir con ayuda de un colador o chino. Reservamos.

Mientras cocinamos las lentejas, podemos ir cortando según la lista de ingredientes.

En una ensaladera grande mezclamos bien todo, menos los rábanos. Tapamos con papel film y enfriamos un par de horas. Antes de servir, añadimos los rabanitos cortados en ruedas finas; si usamos un rebanador para hacerlo, mucho mejor. Finalmente, volvemos a remover todo y adornamos con unas hojitas de perejil.

ensalada de col

En Cuba llamamos col al repollo, pero allá solo se conoce la col verde clara. La lombarda la conocí después de salir del país y me ha servido para darle vida a una de mis ensaladas favoritas. El sabor no es tan diferente cuando pones cada una de estas coles juntas; sin embargo, visualmente el cambio es notable.

Me encanta la textura de la col. Ese olor que molesta a algunos, a mí me gusta. Me trae muchísimo recuerdos. Mi abuelo Agustín y mi tío José competían a ver cuál de los dos picaba más fina la col, y las mujeres de la casa alentábamos la competencia con tal que se ocuparan de cortarla. Yo tengo un cuchillo japonés con el que la corto estupendamente, pero cuando estoy con prisas, paso la col por el robot de cocina usando la cuchilla de rallar quesos y vegetales.

El secreto de esta ensalada es dejarla reposar de 30 a 60 minutos para permitir que se acentúe la mezcla de sabores.

4-5 raciones

Ingredientes:

¼ de col (repollo)

¼ de col morada (lombarda)

1 cebolla mediana, blanca o morada

¼ de taza de aceite de oliva virgen extra

1 cucharadita de vinagre blanco

¼ cucharadita de miel de abejas

Sal

Pimienta

Preparación:

Retiramos las hojas que cubren ambos repollos y separamos un cuarto de cada uno.

Con un cuchillo bien afilado y de hoja ancha, los picamos en lascas bien finas y luego hacemos grupos con las tiras que resulten y los cortamos en trozos más chicos.

Cortamos la cebolla en cuadros pequeños y la mezclamos con la col en una bandeja grande o un cuenco.

Batimos el resto de los ingredientes en un cuenco pequeño hasta que el aceite emulsione y lo vertemos sobre la ensalada. Mezclamos bien, rectificamos la sal y la dejamos reposar.

ensalada de arroz y atún

En Cuba tratábamos de aprovechar todas las sobras. En Miami, después de 20 años, todavía sigue sin gustarme tirar comida a la basura.

Tengo un primo que come más arroz que un japonés, y siempre cocino de más por si pasa a comer. Por eso, a veces tengo sobras de arroz cocido en la nevera que utilizo para hacer arroz frito, o esta ensalada tan resultona, a la que puedo incorporar pollo, pescado o una lata de atún.

Ya comenté que los cubanos llamamos camarones a lo que en España se conoce como gambas. Como quiera que se nombren, gambas o camarones, son magníficos para decorar. Una idea que le debo al sushi. El resultado es fantástico, ¿verdad?

4 raciones

Ingredientes:

2 ½ tazas de arroz cocido

6 cucharadas de mayonesa

2 cucharadas de cebolla blanca picadita

2 cucharadas de pimiento rojo bien picadito

2 cucharadas de pimiento verde bien picadito

140 g (5 oz) de atún en conserva

5 camarones (gambas) cocidos

1 yema de huevo hervido

Sal

Pimienta

Preparación:

Calentamos abundante agua en una cazuela mediana. Cuando hierva, agregamos el arroz para sacarle la grasa y ablandarlo. Lo cocinamos durante 5 minutos. Lo escurrimos bien y lo dejamos refrescar a temperatura ambiente.

Mientras, podemos cortar los pimientos y las cebollas, desmenuzar el atún y mezclar todo con 2 cucharadas de mayonesa. Salpimentamos al gusto. Reservamos.

Abrimos las gambas con cuidado, las cortamos por el lomo sin llegar hasta abajo. Dejamos la cola tal cual. Forramos un cuenco con papel film y las colocamos en el fondo, formando una estrella. El centro quedará vacío. Debemos usar abundante papel film, que sobre a los lados, para luego cubrir la ensalada.

Una vez frío el arroz, lo mezclamos con el resto de la mayonesa. Agregamos una capa de esta mezcla en el fondo del cuenco con cuidado no se giren las gambas. Presionamos el arroz con una cuchara. Hacemos lo mismo con la mezcla de atún, pimientos y cebollas, y luego con el resto del arroz con mayonesa. Cubrimos con el papel film y le colocamos un peso encima. Lo ponemos en el frigorífico por, al menos, 4 horas; mejor si lo dejamos de un día para otro.

En el momento de servir, abrimos el papel film arriba, volteamos la ensalada sobre un plato y retiramos completamente el papel film. En medio de las gambas ponemos la yema de huevo previamente triturada con una cuchara, o un macillo, dentro de un colador o chino.

ensalada Waldorf a la cubana

Esta es mi versión tropical de la famosa ensalada Waldorf, un plato que tiene más de un siglo de historia y una de las recetas emblemáticas del famoso hotel Waldorf-Astoria, de Nueva York.

Se dice que la receta básica debe llevar manzana, nueces y apio. El resto puede variar. Algunos le agregan uvas verdes o secas en lugar de la manzana. Yo le pongo piña. Hay quien le gusta con queso, y aunque los puristas dicen que no lleva pollo, no se puede negar que le queda muy bien.

Esta ensalada está lista en 40 minutos y se puede servir tanto fría como a temperatura ambiente. Yo la prefiero fría y del día siguiente, pues se acentúan sus sabores. Va bien tanto de entrante para cuatro personas como de plato principal en una cena ligera para dos.

2 o 4 raciones

Ingredientes:

½ pechuga de pollo grande

1 ramita de tomillo

Sal

1 taza de piña cortada en cubitos de 2 cm (1 pulgada)

1 taza de rodajas de apio de poco menos de 1 cm de ancho

½ taza de nueces picadas toscamente

½ taza de mayonesa

1 cucharada de mostaza Dijon

Preparación:

Ponemos a hervir el pollo con 1 litro de agua, el tomillo y una pizca de sal. Tapamos el caldero y cocinamos a fuego medio-alto durante 15-20 minutos. Cuando esté tierno, retiramos el caldero del fogón y dejamos que el pollo repose dentro del caldo unos 10 minutos. Luego lo escurrimos (guardando el caldo para otra receta) y dejamos que se enfríe unos 10 minutos.

Mientras tanto podemos aprovechar para cortar la piña, el apio y las nueces. Cuando se enfríe el pollo, lo cortamos en cubitos del mismo tamaño de la piña y lo unimos con el resto de los ingredientes en un cuenco mediano.

Sopas,
cremas y potajes

ajiaco criollo

El ajiaco criollo, un caldo hecho a base de viandas y carnes, es la sopa por excelencia de la cocina cubana. Según el antropólogo Fernando Ortíz, el ajiaco, en su nutrida mezcla de ingredientes, simboliza la formación del pueblo cubano. Su nombre proviene, al parecer, del ají (pimiento) picante con que los africanos lo sazonaban. Se conocen muchas variantes, incluso, un ajiaco marinero, que en vez de llevar carnes, lleva pescados y mariscos. El ajiaco solía servirse para la celebración de San Juan, en Año Nuevo y grandes reuniones familiares. Es un plato muy socorrido para aliviar la resaca y renovar energías.

10-12 raciones

Ingredientes:

230 g (½ lb) de tasajo en trozos de 4-5 cm

2 contramuslos de pollo sin piel
y sin hueso, en trozos de 4-5 cm

½ kg (1 lb) de carne de falda
en trozos de 4-5 cm

½ kg (1 lb) de masas de cerdo
en trozos de 4-5 cm

2 mazorcas de maíz
cortadas en 5 ruedas cada una

2 malangas medianas
cortadas en trozos de 4 cm

2 yucas, cortadas en trozos de 4-5 cm

3 boniatos pequeños
cortados en trozos de 4-5 cm

2 plátanos machos verdes
cortados en 5 ruedas cada uno

1 plátano macho pintón (a medio madurar)
cortado en 4-5 ruedas

1 limón + rodajas de limón para servirlo

Para la salsa criolla:

1 cebolla mediana bien picada

1 pimiento verde mediano bien picado

4 dientes de ajo bien picado

1 hoja de laurel

230 g (8 oz) de salsa de tomate

2 cucharadas de aceite vegetal

3 cucharadas de sal

Preparación:

El día anterior o cuatro horas antes de comenzar a hacer el ajiaco, quitamos al tasajo la capa amarilla que lo cubre (pág. 178), lo cortamos en 4 ó 5 trozos y lo dejamos en remojo. Retiramos el agua y lo ponemos a hervir ahogado, durante media hora. Desechamos esa agua y agregamos 6 litros más. Cocinamos a fuego medio durante una hora. Añadimos el pollo, la falda y las masas de cerdo. Cocinamos otra hora.

Durante ese tiempo, hacemos la salsa criolla. Calentamos el aceite, agregamos el ajo, el pimiento y la cebolla. Los pochamos durante aproximadamente 5 minutos, añadimos el laurel, la salsa de tomate y la sal. Sofreímos un par de minutos y le ponemos un cucharon del caldo que estamos preparando, Seguimos cocinando unos 10 minutos más y lo añadimos a la sopa.

Pelamos y cortamos el maíz, las malangas, las yucas, los boniatos y los plátanos por el orden de la lista. Es importante hacerlo inmediatamente para que no se oxiden y cambien de color y las agregamos al caldo. Cuando añadamos el plátano verde, le exprimimos el limón. Cocemos durante 40 minutos. Algunas viandas se desbaratarán y espesarán el caldo, o nosotros mismos podemos majar algunas. Servimos con rodajas de limón y si nos gusta el picante, le añadimos unas gotas a nuestro plato.

salsa perro

Esta sopa maravillosa, cargada de aromas y de sabor muy suave nació en Caibarién, villa de pescadores de la costa norte de la isla. Recuerdo disfrutarla con mi padre cuando volvíamos de la playa y hacíamos una parada en el desaparecido Hotel España, cuyo restaurante hizo famosa esta sopa, que todavía continúa preparándose en las casas de los «cangrejeros», como se les conoce a los habitantes de Caibarién. Se le llama así, porque en su elaboración se emplea el pez perro, pero también se puede usar la cubera, el pargo o la cherna (mero).

8 raciones

Ingredientes:

1 pez perro de 2 a 3 kg (5 a 6 lb)

1 atado de perejil fresco
más 1 puñado de hojas de perejil

½ cucharadita de pimienta negra en grano

1 cebolla blanca mediana

1 pimiento verde

6 papas (patatas) medianas cortadas
en rodajas de 1.5 cm (¾ de pulgadas)

½ taza de leche

Sal

Rodajas de limón y picante para servir

Preparación:

Separamos la cabeza y las ventrechas del pescado y las ponemos en una cazuela grande con 3 litros de agua, el atado de perejil, la pimienta en grano, el pimiento y la cebolla. Hervimos a fuego bajo-medio durante hora y media. Colamos el caldo y reservamos.

Cortamos el resto del pescado en ruedas de 2 centímetros (1 pulgada) y le ponemos sal al gusto.

En otra cazuela grande, alternamos capas de papas con ruedas de pescado. Añadimos el caldo caliente y la leche. Cocinamos durante 15 minutos. Rectificamos la sal. Si preferimos un caldo espeso, antes de servirlo, retiramos con cuidado parte de las papas, las majamos en un cuenco y devolvemos el puré a la cazuela. Dejamos que se asiente.

Agregamos las hojas de perejil y servimos primero, con cuidado, las ruedas de pescado y de papa sin que se rompan; y luego, el caldo por encima.

Cada cual le pone picante y limón al gusto en su plato.

potaje de frijoles negros

Ganador de trece premios Grammy, Paquito D'Rivera es uno de los más importantes músicos cubanos. Vive en New Jersey.

Paquito D'Rivera es uno de mis músicos preferidos. Ni la fama ni el tiempo le han impedido mantener sus raíces, tanto en su música como en la comida que prepara. No me sorprendió cuando me dijo que su plato preferido eran los frijoles negros con arroz blanco.

Le pregunté cómo hacía los frijoles. Coincidimos paso a paso casi hasta el final de la receta. Resulta que Paquito le pone a sus frijoles, al final, un poco de guindilla, y a veces le agrega una pizca al plato cuando ya los tiene servidos sobre arroz basmati, que es su arroz predilecto.

Los cubanos no conciben la comida sin los frijoles negros. A mí me encanta comerlos hasta del frigorífico. A la hora de prepararlos, cada maestro tiene su librito. Hay quien pone todo en la olla desde el inicio y hay quien no hace sofrito, pero le pone todos sus ingredientes cuando los frijoles están blandos.

Paquito y yo los hacemos así.

8 o 10 raciones

Ingredientes:

450 g (1 lb) de frijoles negros

1 cucharadita de azúcar

2 hojas de culantro o 1 rama de cilantro

Sal

1 pimiento verde picadito

1 cebolla blanca mediana picadita

4 o 5 dientes de ajo machacados con parte de la sal

¼ de taza de aceite de oliva extra virgen

1 cucharada de comino molido

1 cucharada de vinagre blanco o vinagre de manzana

1 pimiento rojo en conserva picadito

Guindilla triturada al gusto

Preparación:

Lavamos los frijoles. Los ponemos en una olla de presión con dos litros de agua. Los tapamos y cocinamos a fuego alto. Cuando la olla comience a pitar, bajamos el fuego a medio-alto y cocinamos durante 25 minutos.

Picamos la cebolla y el pimiento verde. Machacamos los ajos en un mortero, con un poco de sal para que no salten. En una sartén, vertemos el aceite y agregamos la cebolla y el pimiento verde. Sofreímos un par de minutos. Agregamos el ajo y lo mezclamos bien. Sofreímos otro minuto. Retiramos del fuego y reservamos.

Los frijoles ya blandos, los destapamos y seguimos cocinándolos a fuego medio. Incorporamos el sofrito, el azúcar, el culantro (o el cilantro) y sal al gusto.

Cuando se espesen, añadimos el vinagre, el comino y el pimiento en conserva, entero o picadito y revolvemos. Los tapamos sin la válvula y los seguimos cocinando otros 10 minutos a fuego mínimo. Le agregamos la guindilla al gusto y los servimos con arroz blanco, acabado de hacer.

Si vamos a usar los frijoles para hacer moros y cristianos (pág. 102), los ablandamos solo 20 minutos para que no se desbaraten al revolverlos.

También podemos cocinarlos en cazuela. Los ponemos en remojo la noche anterior y los ablandamos durante 1 hora. Una vez blandos, seguimos el resto de la receta.

sopa de pollo

No es que sea Mafalda, pero no soy de comer sopas. La de pollo sólo se hacía en casa de mi abuela si alguien se enfermaba. En lugar de postas, se usaban el carapacho, el pescuezo y las alas del pollo para sacarles la sustancia.

Me he mantenido bastante fiel a esta tradición de hacerla solamente si alguien está enfermo. Sin embargo, soy consciente de que es una de las recetas preferidas de muchos amigos, cubanos o no. Mi amiga Leo me cuenta que su mamá a veces le ponía semillas de comino en lugar del comino molido y también quedaba maravillosa.

6-8 raciones

Ingredientes:

4 cucharadas de aceite de oliva

6 muslos de pollo

1 cebolla amarilla bien picada

1 pimiento verde picadito

4 dientes de ajo machacados

230 g (8 oz) de tomate picado

1 cucharadita de comino molido

2 hojas de culantro o 1 rama de cilantro

2 malangas medianas o
2 papas (patatas) grandes

2 zanahorias medianas

Sal

Preparación:

Calentamos en aceite en una cazuela grande a fuego alto y en él sellamos los muslos de pollo, cocinándolos unos 3-4 minutos por cada lado, hasta que se doren.

Bajamos el fuego a medio. Agregamos el pimiento y la cebolla picaditos, sofreímos unos 4-5 minutos, hasta que estén tiernos. Incorporamos el ajo. Seguimos sofriendo unos 2 minutos y añadimos el tomate y el comino. Salteamos unos 4 minutos y agregamos 2 y medio litros de agua.

Bajamos el fuego a medio bajo y cocinamos durante 1 hora con la cazuela tapada. Si hace espuma, la retiramos con una espumadera.

Agregamos sal al gusto y el culantro. Pelamos las malangas y las cortamos en trozos de 3 centímetros (poco más de 1 pulgada) y las agregamos al caldo. Limpiamos bien las zanahorias, las pelamos, las cortamos en trozos del mismo tamaño y las incorporamos a la sopa. Tapamos y cocinamos durante 20-25 minutos.

Añadimos los fideos y cocinamos durante 5 minutos. Servimos caliente con rodajas de limón y/o picante tipo Tabasco.

crema de malanga y calabaza

Rosario Suárez es una de las más grandes bailarinas de Cuba. Radicada en Miami se dedica a la enseñanza.

Siempre fui una niña inquieta, incluso antes de entrar en la escuela de ballet. Después, eran días enteros junto a la barra, frente a los espejos, sin parar. Mi cuerpo no quería detenerse.

—Esta niña no come nada —le oía decir a mamá.

—¡Quiero puré amarillo! —replicaba yo.

—Eso es lo único que le gusta a esta niña.

Puré amarillo le llamaba a la crema de malanga y calabaza que ella me preparaba. Mi madre aprovechaba mi predilección por este plato y le agregaba leche y mantequilla, porque, según ella, tenía que alimentarme:

—Ya la estás viendo —decía desesperada—, un puré le basta para estar todo el santo día corriendo, saltando, girando, subiendo y bajando. ¡Esta niña no se cansa nunca!

Sigo comiendo puré amarillo, aunque ahora soy yo quien lo hace. Es pura energía, con su tierno sabor que le da cariño al paladar y consuelo a alguna posible nostalgia.

2-3 raciones

Ingredientes:

2 malangas medianas, pueden ser moradas o blancas

150g (⅓ de libra) de calabaza

1 taza de leche

2 cucharadas de mantequilla

Sal

Pimienta

Preparación:

Pelamos las malangas, las cortamos en 4 ó 5 trozos y las echamos en una cazuela con abundante agua. Las cocinamos a fuego medio durante 20-25 minutos, hasta que estén blandas. Podemos comprobar si están listas pinchándolas con un tenedor.

Con la calabaza, el proceso es similar. Le quitamos la piel, la cortamos en trozos y las ahogamos en agua. En 20 minutos estará lista. Es importante que no se pase, porque se desbarata. La calabaza tiene una masa más suave que la malanga, por eso se mezcla con menos leche y se cuece separada.

Calentamos la leche. Escurrimos la calabaza y la licuamos con ⅓ de taza de leche, añadimos sal al gusto y un poco menos de una cucharada de mantequilla. La calabaza debe quedar con una textura cremosa y suave. Si está demasiado espesa, añadimos una cucharadita de leche. Reservamos. Hacemos lo mismo con la malanga, usando el resto de la leche y la mantequilla. Salpimentamos.

Servimos estas cremas en un plato hondo, colocando la de malanga primero en el centro y la de calabaza alrededor. Se pueden comer por separado, mezclar o tomar de las dos a la vez, saltando de un lado al otro.

sopa de plátano

Mi madre prefiere los restaurantes cubanos. Y de todos los platos, este en especial. No lo cambia por nada del mundo. Algunos lo hacen con el plátano hervido, otros con tostones; ella, en cambio, siempre lo elabora con miga, que es como le decimos por allá por nuestro pueblo, Remedios, a las chicharritas o mariquitas molidas.

A mí la miga me gusta tanto, que incluso la como sola. Durante mi adolescencia, mami preparaba frascos enteros de miga para la merienda. Yo la disfrutaba cucharada tras cucharada.

6 raciones

Ingredientes:

4 tazas de caldo vegetal, caldo de pollo o caldo de carne

2 plátanos verdes hechos chicharritas como la receta de la pág. 130

Sal.

Preparación:

Molemos las chicharritas con una máquina de moler, un rodillo, el picador o un robot de cocina; lo que tengamos a mano para hacer con ellas casi un polvo y obtener la miga.

Calentamos el caldo a fuego medio y añadimos las dos tazas miga, poco a poco, revolviendo constantemente para que no se formen bolas. Una vez disuelta la miga, tapamos el caldero y cocinamos durante 10 minutos a fuego lento. Si se nos espesa mucho, podemos adicionar caldo extra.

harina con cangrejo

En Cuba es más común confeccionar esta harina con masas de cerdo frita (pág. 26); picadillo (pág. 170) o sofrito y se le llama tamal en cazuela, término que no se emplea cuando se prepara con aporreado de cangrejo, como es tradición en las zonas costeras. En determinadas épocas del año, los hombres del pueblo se van a los manglares y regresan cargados de sacos de cangrejos, a veces todavía vivos, que se cocinan en enormes calderas de agua caliente.

El maíz molido para la elaboración de esta harina se puede comprar congelado o fresco. También podemos adquirirlo en grano y molerlo en un robot de cocina o una antigua máquina de moler, como todavía se hace en muchas casas de mi país. Eso sí, debe estar muy tierno y nunca debemos usar maíz dulce, pues no sólo se reduce muchísimo, sino que el dulzor es excesivo para este plato.

El caldo de pescado que emplearemos puede ser casero o de bote.

5 o 6 raciones

Ingredientes:

4 tazas de maíz tierno molido

1 litro de caldo de pescado

Para el aporreado de cangrejo:

2 tazas de masa de cangrejo cocida

½ pimiento verde picadito

½ cebolla blanca grande picadita

4 o 5 dientes de ajo

230 g (8 oz) de salsa de tomate

½ taza de agua

½ taza de tomate picado

2 cucharadas de aceite vegetal

1 pizca de pimentón de la Vera

1 hoja de laurel

Sal

Preparación:

En un cuenco grande, colocamos el maíz molido con el caldo de pescado; lo movemos un par de minutos, luego lo vamos colando con ayuda de un colador o chino, y exprimimos al máximo con las manos o con el dorso de una cuchara, pasando el resultado a una cazuela grande. Obtendremos un líquido amarillo que se convertirá en nuestra harina y desecharemos las cascaritas secas de maíz que van quedando en el chino.

Ponemos a cocinar el líquido a fuego medio en la cazuela grande; lo removemos a cada rato, para evitar que se pegue. Cocinamos durante 45 minutos y, cuando comience a cuajar, en los últimos 10 ó 15, removemos sin cesar, cuidándonos de no salpicarnos.

Antes de esos minutos críticos en que tenemos que remover constantemente, podemos preparar el aporreado. Calentamos el aceite en una cazuela mediana o una sartén grande a fuego medio y añadimos el pimiento y la cebolla picaditos. Sofreímos 5 minutos y adicionamos el ajo y el tomate picadito. Cocinamos un par de minutos más, agregamos la salsa de tomate, el agua, el pimentón y el laurel. Removemos bien e incorporamos las masas de cangrejo. Rectificamos la sal, lo tapamos y dejamos que se cocine durante 10-15 minutos a fuego bajo. Las masas deben quedar en una salsa espesa.

Una vez listas la harina y la masa de cangrejo, las unimos en la cazuela.

Servimos bien caliente con picante y rodajas de limón. A algunos les encanta acompañarla también de ensalada de aguacate (pág. 58).

potaje de frijoles colorados

Según las mujeres de mi familia, para que los frijoles colorados (conocidos en España como alubias rojas) queden sabrosos hay que ponerles calabaza. Luego, dependiendo de los gustos, se le puede añadir la carne que se desee y algún embutido.

Esta receta es una síntesis de dos recetas: la de mi madrina y la de mi abuela Gladys. Cuando la hago en casa jamás sobra para el día siguiente, pues, a diferencia de los frijoles negros, que nos gustan más con arroz, estos los comemos como plato de cuchara. En Cuba se sirve de ambas formas. Es muy común que luego de disfrutar el potaje con pan, se deje un poquito en el plato y se le agregue arroz blanco, alguna carne, vianda o ensalada, creando, así, un segundo plato.

Para cocinar los frijoles se puede usar tanto una olla exprés como una cazuela. En el segundo caso, debemos cocinarlos durante 1 hora, después de haberlos puesto en remojo desde la noche anterior.

Existen varios tipos de alubias rojas, pero en esta receta usamos las pequeñitas, de 6-7 milímetros de largo.

4-6 raciones

Ingredientes:

450 g (¾ lb) de frijoles colorados pequeños

2 ruedas de lomo de cerdo ahumado, preferiblemente con hueso

350 g (¾ lb) de calabaza en cubo de 3 o 4 cm

2 chorizos

¼ de pimiento rojo picadito

¼ de pimiento verde picadito

½ cebolla blanca grade picadita

3 o 4 dientes de ajo machacados

110 g (4 oz) de salsa de tomate

1 cucharadita de comino

3 hojas de culantro o 1 rama de cilantro

½ cucharadita de azúcar

3 cucharadas de aceite de oliva virgen extra

Sal

Preparación:

Lavamos los frijoles y los echamos en la olla exprés con el lomo ahumado. Añadimos tres partes de agua por cada una de frijoles. Tapamos la olla y contamos 20 minutos a partir de que pite.

Retiramos la olla del fuego y mientras se le va la presión, hacemos el sofrito. Calentamos el aceite en una sartén, pochamos la cebolla y el pimiento picaditos. En 5 minutos, añadimos el ajo machacado y sofreímos un par de minutos. Adicionamos la salsa de tomate. Seguimos cocinando otros 2 minutos. Vertemos el sofrito en la olla con los frijoles. Agregamos la calabaza, el chorizo, el azúcar, el comino, el culantro (o el cilantro) y sal al gusto. Si el lomo ahumado tiene huesos, en este momento prefiero quitárselos, pero eso es opcional. Seguimos cocinando otros 20 o 25 minutos hasta que esté tierna la calabaza y los frijoles se espesen.

Se pueden servir solos o con arroz blanco, filetes de cerdo o res y tostones (pág. 128).

potaje de garbanzos

Los garbanzos me encantan de cualquier modo: en ensaladas, humus, en platos preparados con su harina... Sin embargo, como más me gustan es con col y chorizos, bien espesos, como los hacía mi amigo y vecino Héctor, quien me rentaba una de las primeras casas en las que viví en Miami.

Héctor vivía solo y muchas veces compartíamos la cena. Una noche se nos unió el espíritu de su madre, la dueña de este receta. Empecé a sentir un fuerte olor a perfume, y cuando se lo describí, me dijo que era su mamá. Ése era su perfume y a veces él sentía el mismo olor, sobre todo cuando necesitaba consejos. De este modo, yo también me acostumbre a consultarle muchas cosas importantes a Miss Daisy.

Han pasado muchos años. Vivo bastante lejos de aquella casa, pero todavía, a veces, me llega su olor y sigo fiel a sus garbanzos, que siempre han sido un éxito. Esta es una receta muy sencilla, aunque demora ablandar los garbanzos. Yo suelo cocinarlos en la olla exprés. Se pueden dejar en remojo la noche anterior y disminuir el tiempo de cocción a la mitad. Y por supuesto, también pueden hacerse en una cazuela.

4-6 raciones, depende si se sirve solo o con arroz

Ingredientes:

450 g (1 lb) de garbanzos

4 chorizos

¼ de col (repollo) mediana

4 cucharadas de aceite de oliva virgen extra

½ cebolla picadita

½ pimiento verde picadito

4 o 5 dientes de ajo machacados

1 tomate maduro picadito

Sal

¼ cucharadita de pimentón de la Vera

½ cucharadita de comino en polvo

Preparación:

Lavamos los garbanzos y los colocamos en la olla exprés a fuego alto con cuatro partes de agua por la cantidad de legumbre que estamos usando. Cuando la olla comience a pitar, dejamos que se cocinen 35 minutos.

Retiramos la olla del fogón y dejamos que se le vaya la presión. Mientras picamos la cebolla, el pimiento y el tomate, machacamos el ajo con un poco de sal en un mortero, cortamos los chorizos en ruedita y la col en tiras, toscamente.

Agregamos la col y los chorizos a los garbanzos y devolvemos la olla al fogón a fuego medio. Seguimos cocinando con la olla destapada. Es probable que tengamos que adicionar un par de tazas de agua si se han secado mucho los garbanzos al ablandarse. Si así fuera, agregamos agua tibia o caliente.

En una sartén, ponemos el aceite de oliva y rehogamos las cebollas y el pimiento. 5 minutos después añadimos el ajo y removemos. 1 minuto más tarde incorporamos el tomate, el pimentón y el comino. Sofreímos un par de minutos más y lo echamos en los garbanzos. Rectificamos la sal y dejamos que se cocinen unos 20-30 minutos, removiendo a cada rato hasta que estén espesos o a nuestro gusto.

Servimos con pan caliente.

potaje de lentejas

En Cuba, la lenteja no es de los potajes más populares y solemos prepararlo a semejanza de otros potajes. Sin embargo, en España y otros países ocupa un lugar primerísimo en el menú casero. En Italia, por ejemplo, no pueden faltar las lentejas durante la cena de Nochevieja.

He escuchado a muchísimos compatriotas decir que las lentejas saben a tierra. La solución que tengo para ellos es que al cocinarlas le agreguen plátanos pintones, que es como llamamos al plátano cuando está entre verde y maduro.

Para 4-6

Ingredientes:

350 g (¾ de libra) de lentejas

2 chorizos

1 morcilla

1 plátano pintón

½ cucharada de comino

½ cucharada de pimentón de la Vera

1 tomate picadito

½ pimiento rojo picadito

1 tallo de apio

3 cucharadas de aceite de oliva virgen extra

Sal

Preparación:

Lavamos las lentejas y las ponemos a hervir con 3 litros de agua en una cazuela grande. Añadimos la morcilla, el chorizo, el apio y el plátano cortados en ruedas de poco menos de 1 centímetro de ancho. Cocinamos durante media hora a fuego medio-alto.

Calentamos el aceite en una sartén a fuego medio. Agregamos el pimiento y cocinamos unos 5 minutos. Incorporamos el tomate, el pimentón, el comino y sofreímos un par de minutos más. Echamos el sofrito en la cazuela con las lentejas y añadimos sal a gusto. Continuamos cocinando a fuego lento durante unos 15 minutos para que las lentejas absorban los sabores del sofrito. Si se secan mucho, se les puede añadir media taza de agua.

Se pueden servir como sopa o con arroz blanco y ensalada.

Arroces y pastas

moros y cristianos

Este es el arroz que se sirve en todas las celebraciones importantes y, por supuesto, nunca falta en Navidad o Año Nuevo. En estas fiestas, es el acompañante ideal del cerdo asado y la yuca con mojo, o bien el relleno perfecto para pavos o pequeños cerdos enteros asados. Probablemente, este plato, donde los frijoles simbolizan a los moros y el arroz blanco a los cristianos, fue bautizado por alguno de los muchos españoles que emigraron a la isla. Se conoce que en Veracruz, México, de donde se importaban frijoles negros a Cuba, existe una variante de este plato con el mismo nombre.

También se le llama moros, arroz moro, congrí o arroz congrí, aunque este último término se usa, sobre todo, para nombrar un plato parecido que se prepara en el oriente del país con frijoles colorados. A esta versión suele añadírsele jamón o chicharrones. Según el antropólogo cubano Fernando Ortiz, es posible que el plato tenga su origen en África, y que, tal vez, la voz congrí provenga de tierras haitianas, donde significa fusión de congó (frijoles) y riz (arroz). En la vecina República Dominicana también se prepara con frijoles colorados y se le conoce como moro de habichuelas, puesto que en este país, así como en Puerto Rico, se llama habichuelas a los frijoles. A una receta similar se le llama gallo pinto en Costa Rica y Nicaragua.

4 raciones

Ingredientes:

2 tazas de arroz de grano largo

3 tazas de caldo de frijoles negros (pág. 84)

1 taza de granos de frijoles negros cocidos (pág. 84)

1 cucharada de sal

2 cucharadas de aceite de oliva o de manteca de cerdo

3 dientes de ajo machacados

Preparación:

Mezclamos todos los ingredientes, menos los granos de frijoles, en una cazuela mediana tapada a fuego alto. Unos 3 minutos después, cuando hierva, bajamos el fuego a medio.

Cuando el arroz absorba todo el líquido, unos 5 minutos más tarde, bajamos el fuego al mínimo y seguimos cocinando durante aproximadamente 20 minutos hasta que el arroz esté tierno. Lo aireamos con un tenedor para que quede desgranado y añadimos los granos de frijoles, removiendo otra vez para distribuirlos homogéneamente en el arroz.

Tapamos la cazuela y seguimos cocinando otros 5 minutos.

Se sirve caliente, aunque a mí también me resulta delicioso con alioli a temperatura ambiente.

arroz a la cubana

Miguel Ángel Almodóvar es sociólogo, investigador científico, periodista, y divulgador español, especializado en nutrición y gastronomía.

Es difícil determinar, con absoluta certidumbre, por qué se llama arroz a la cubana un plato que ni es de Cuba ni forma parte del recetario tradicional de la isla del mar de las Antillas, y que por el contrario es referente notable de la coquinaria popular hispana.

Es muy probable, que la posible explicación esté relacionada con la cocina de mestizaje que los españoles fueron pergeñando en sus dos últimas grandes colonias, lo que explicaría que el plato alcanzara notoriedad en menús de las islas Filipinas y las Indias Orientales Españolas, donde los colonizadores introdujeron productos americanos tan señeros como el tomate, la patata, el maíz o la piña.

En plato tiene la presencia del plátano, una fruta cuyo uso en la cocina española, y más allá de su papel como postre, se limita a esta fórmula. Ahora bien, dejando claro, eso sí, que los plátanos cubanos y los españoles no difieren tanto como un huevo y una castaña, pero casi.

Actualmente, canarios y peruanos se atribuyen la invención del arroz a la cubana, aun sabiendo que el debate seguirá abierto por los siglos de los siglos. Lo único que está claro es que no nació en Cuba y que tampoco debiera importar mucho la cuna, sino su difusión popular, y ahí sí que ha triunfado de lleno.

4 raciones

Ingredientes:

2 tazas de arroz redondo tipo bomba

4 huevos

4 plátanos

1 taza de tomate frito

4 hojas de perejil para decorar

Aceite de oliva virgen extra

1 cucharada de mantequilla

Sal

Preparación:

En una cacerola ponemos 5 tazas de agua, una pizca de sal, una cucharada de mantequilla y un chorrito de aceite de oliva virgen extra.

Cuando rompa a hervir, añadimos el arroz y lo dejamos 10 minutos, aunque el tiempo exacto de cocción dependerá del tipo de arroz y del agua, removiendo de vez en cuando para que no se apelotone.

Una vez hecho el arroz, que no debe quedar duro pero tampoco hecho una pasta, lo colamos y enjuagamos ligeramente, y enfriamos con agua fría y dejamos escurrir.

Pelamos los plátanos y los cortamos al gusto, ya sea en rodajas o a lo largo.

En otra sartén, con un poco de aceite de oliva virgen extra a fuego medio, freímos el plátano. Retiramos y colocamos en papel absorbente.

Ahora prepararemos el huevo frito en una sartén antiadherente con un dedo de aceite oliva virgen extra.

Cuando echa humo, cascamos el huevo. Con la espumadera, vamos echando aceite por encima del huevo hasta que esté suelto y flotando en la sartén. Sacamos con la espumadera, lo salamos y con ello queda ya a punto de servir.

Calentamos el arroz ligeramente en el microondas.

Servimos el arroz, añadimos la salsa de tomate frita y los plátanos.

arroz con mariscos

Este plato siempre le ha quedado exquisito a mi padre, que tiene predilección por todas las comidas que incluyan pescados y mariscos. Con el tiempo, me ha pasado a mí la responsabilidad de las comidas familiares, y se lo preparo cuando viene a visitarnos los fines de semana.

Se puede hacer el caldo de pescado o fumet casero hirviendo lentamente unas cabezas de pescado con apio, pimiento y cebolla que colaremos antes de comenzar la receta; también con los carapachos de los camarones o con caldos envasados (caldos de brick).

En cuanto a los mariscos, es preferible usarlos frescos, aunque podemos emplear mariscos variados congelados si queremos economizar.

8-10 raciones

Ingredientes:

4 tazas de arroz de grano largo

450 g (1 lb) de masas de langosta

450 g (1 lb) de mariscos variados (vieiras, calamares, mejillones, masa de cangrejo)

450 g (1 lb) de camarones

6 tazas de caldo de pescado

2 + 3 cucharadas de aceite de oliva virgen extra

½ cebolla picadita

½ pimiento verde picadito

3-4 dientes de ajo machacados

¼ de taza de vino blanco

1 cucharada de bijol

1 pizca de pimentón de la Vera

½ cucharadita de comino

1 taza de tomate picado

Sal

Pimienta

Perejil picadito para adornar

Preparación:

Hacemos el sofrito, rehogando en tres cucharadas de aceite la cebolla y el pimiento a fuego medio durante 5 minutos, hasta que estén tiernos. Añadimos el ajo y sofreímos un par de minutos. Agregamos el tomate y sofreímos otros 2 minutos. Luego el vino, el bijol, el comino y el pimentón. Mezclamos bien. Cuando se evapore casi todo el vino vertemos el caldo y dejamos que hierva.

Incorporamos el arroz, removemos y tapamos. Cuando absorba todo el líquido, bajamos el fuego al mínimo y seguimos cocinando por un tiempo de 15-20 minutos hasta que el arroz esté listo.

En una sartén grande o wok calentamos el resto del aceite a fuego alto. Añadimos las masas de langosta y salpimentamos a gusto. 2 minutos más tarde agregamos los mariscos y 1 minuto más tarde los camarones. Seguimos salteando hasta que los camarones cambien de color. Incorporamos los mariscos al arroz y removemos para distribuirlos homogéneamente.

Servimos en la fuente o en platos individuales, espolvoreando perejil por encima.

Acompañar con ensalada de aguacate y tostones.

arroz con pescado a la jardinera

Este arroz queda con un saborcito muy suave y me encanta acompañarlo con boniato frito, tostones o plátano maduro frito. Ah, y una ensalada de aguacates, por supuesto, si están en temporada.

Una receta ideal para aprovechar el pescado cuando no es suficiente para toda la familia y así, hacerlo rendir más con ayuda del arroz y los vegetales. Es divino en las tardes del verano. Esta receta siempre me hace recordar los fines de semana en la playa.

6 raciones

Ingredientes:

2 tazas de arroz de grano largo

1 kg (2.2 lb) de un pescado de masa blanca como pez gato, merluza o corvina

1 litro de caldo de pescado

2 cucharadas de vino blanco para cocinar o vino seco

1 cucharadita de bijol

3 o 4 dientes de ajo bien picadito

1 tomate bien picadito y sin semillas

1 cebolla mediana bien picadita

1 zanahoria grande en rueditas de 1 cm (⅓ de pulgada)

2 hojas de acelga o 1 puñado de habichuelas (judías verdes) picaditas

3 cucharadas de aceite vegetal o aceite de oliva

Sal

Pimienta

4 cucharadas de perejil picadito

Preparación:

Salpimentamos el pescado y lo dejamos reposar tapado en el refrigerador durante 20 minutos aproximadamente. Mientras tanto, podemos cortar los ingredientes que necesitemos picar, con excepción del perejil, para que no se marchite.

Calentamos el aceite a fuego alto en un sartén grande o una paellera. Doramos el pescado, unos 3 minutos por cada lado. Añadimos la cebolla y el ajo y cocinamos durante 4-5 minutos, hasta que estén tiernos, removiendo a cada rato y, a la vez, picando el pescado toscamente. Agregamos el tomate, la zanahoria, la acelga y el vino. Bajamos el fuego a medio y cocinamos alrededor de 3-4 minutos.

Mezclamos el bijol con el caldo y lo adicionamos a la paellera. Cuando hierva, incorporamos el arroz y sal a gusto. Cuando vuelva a hervir, lo tapamos y dejamos que se cocine unos 15-20 minutos, hasta que se seque. Bajamos el fuego al mínimo y lo seguimos cocinando por unos 7 minutos.

Lo quitamos del fuego y añadimos la mitad del perejil, mezclándolo con el arroz. Lo servimos en una fuente y lo adornamos con la otra mitad del perejil picadito.

arroz con pollo fácil

El arroz con pollo es uno de los platos favoritos de la comida cubana. Cada familia tiene su modo de prepararlo: con o sin cerveza, más o menos caldoso, o usando las piezas del pollo que más le gustan. Esta es mi versión fácil –porque hay versiones muy sofisticadas que requieren mucho más tiempo de elaboración. Es una receta que los cubanos solemos cocinar cuando tenemos invitados o cuando nos reunimos en familia los domingos. Les recomiendo acompañarlo con plátanos maduros y ensalada.

8-10 raciones

Ingredientes:

Para el caldo:

1 kg (2.2 lb) de encuentros (contramuslos) de pollo

2 zanahorias cortadas en rodajas gruesas

5 granos de pimienta entera

½ cebolla blanca cortada en rodajas gruesas

Sal

Para el arroz:

1 cucharadita de bijol

2 cucharadas de aceite de oliva virgen extra

½ cebolla blanca picadita

½ pimiento verde picadito

5 dientes de ajo machacados

½ taza de salsa de tomate

½ taza de vino seco o vino blanco de cocinar

1 cucharadita de comino en polvo

1 cucharadita de orégano en polvo

1 hoja de laurel

4 tazas de arroz de grano largo

1 taza de cerveza a temperatura ambiente

1 taza de guisantes o petit pois

Sal

Para adornar:

200g (7 oz) de pimientos rojos en conserva cortados al gusto

Espárragos en conserva

Preparación:

Vertemos en una olla grande 2 litros de agua y añadimos todos los ingredientes para preparar el caldo. Tapamos y cocinamos a fuego medio durante 40 minutos. Retiramos el pollo con ayuda de una espumadera. Cuando se enfríe un poco lo deshuesamos y lo cortamos en pedazos no demasiado grandes. Colamos el caldo.

Mezclamos media taza de caldo con el bijol. Calentamos el aceite en una cazuela mediana, pero amplia. Agregamos la cebolla y el pimiento y pochamos alrededor de 5 minutos. Adicionamos el ajo y seguimos cocinando otro minuto. Añadimos la salsa de tomate, el comino, el orégano, el laurel, el vino seco y cocinamos otros 2 minutos. Incorporamos el pollo cocido, el caldo con bijol y el arroz. Unimos bien todo. Añadimos el resto del caldo y removemos bien otra vez. Cuando hierva, tapamos la cazuela.

Una vez seco el arroz, bajamos el fuego al mínimo y cocinamos hasta que esté tierno, unos 15-20 minutos. Vertemos la cerveza en la cazuela y removemos el arroz. Lo volvemos a tapar, dejándolo a fuego lento otros 10 minutos. Incorporamos los guisantes al arroz con pollo.

Servimos caliente. Adornamos con los espárragos y los pimientos en conserva lavados y escurridos.

arroz guajiro

Guajiros es como le llamamos a los campesinos en Cuba. Se ha dicho que el término proviene del inglés war héroe (héroe de guerra), expresión usada por las tropas de Estados Unidos hacia 1898 para referirse a los combatientes del ejército cubano en la lucha por la independencia. Sin embargo, la palabra ya aparece recogida en diccionarios y obras literarias desde la primera mitad del siglo XIX.

El arroz guajiro es el plato ideal para aprovechar esos pedacitos de carne de cerdo que van quedando cuando el animal se corta en piezas durante la matanza. Quien mejor lo hace en este mundo es mi amiga Yaniett. En Cuba, fuimos vecinas por muchos años. De niñas, estudiábamos juntas para los exámenes y me quedaba a dormir con frecuencia en su casa. Afortunadamente, en Miami también vivimos cerca, sigo contando con su amistad y a cada rato me invita a comer este arrocito.

5 raciones

Ingredientes:

2 tazas de arroz de grano largo

1 kg (2.2 lb) de carne de cerdo cortada en cubos de 2 cm

3 cucharadas de aceite de oliva virgen extra

430 g (15 oz) de maíz en conserva enjuagado y escurrido

½ pimiento verde picadito

½ cebolla blanca picadita

3 dientes de ajo machacados

110 g de salsa de tomate

1 taza de vino seco o vino blanco para cocinar

1 cucharadita de orégano seco

1 cucharadita de comino en polvo

1 hoja de laurel

1 cucharadita de bijol

2-3 cucharadas de perejil picadito para adornar

Sal

Pimienta

Preparación:

Salpimentamos la carne y en una cazuela mediana y ancha, incorporamos el aceite y la sellamos en a fuego alto. La retiramos y la reservamos.

Bajamos el fuego al mínimo y añadimos la cebolla y el pimiento para pocharlos. 2 minutos más tarde, adicionamos el ajo y seguimos sofriendo hasta que los tres ingredientes estén tiernos, unos 5 minutos en total. Luego, incorporamos el comino y el orégano y mezclamos bien. Subimos el fuego a medio y agregamos la salsa de tomate, el laurel, media taza de agua y el vino. Volvemos a mezclar y añadimos la carne. Tapamos la cazuela y cocinamos durante media hora.

Añadimos el arroz, 4 tazas de agua, el maíz, el bijol y sal al gusto. Subimos el fuego al máximo y cuando hierva lo tapamos. Como en unos 7 minutos el arroz habrá absorbido el líquido y bajaremos el fuego al mínimo. Seguimos cocinando unos 15-20 minutos, hasta que esté blandito el arroz y luego lo servimos caliente, espolvoreándole el perejil picadito por encima.

Para acompañarlo recomiendo tostones (pág. 128) y ensalada de aguacates (pág. 58).

arroz imperial

Es un plato especial para fiestas. Puede prepararse con antelación y luego calentarse en el horno. Es casi obligado acompañarlo con plátanos maduros fritos. Aunque en la receta original el arroz, una vez cocinado y antes de ponerlo en el molde, se mezcla con mayonesa, yo lo hago sin ella y a mi familia y a mis amigos les encanta. En cualquier caso, también pueden servir la mayonesa a un costado y así cada comensal la adiciona a su gusto.

10 raciones

Ingredientes:

1 kg (2.2 lb) de contramuslos pollo (unas 6 piezas)

1 pimiento rojo grande

1 cebolla blanca grande

5 granos de pimienta negra

2 hojas de laurel

1 cucharada de bijol

1 cucharadita de comino en polvo

½ cucharadita de pimentón de la Vera

½ cucharadita de orégano seco

2 tomates picaditos y sin semillas

4 dientes de ajo machacados

4 cucharadas de salsa de tomate

½ taza de vino seco o vino blanco para cocinar

4 tazas de arroz de grano largo

Sal

Pimienta

Aceite de oliva virgen extra

1 taza de queso rallado

1-2 pimientos del piquillo para adornar

2-3 cucharadas de perejil picadito para adornar

Preparación:

Cocinamos el pollo a fuego medio durante 45 minutos con 8 tazas de agua, medio pimiento y media cebolla picada, la pimienta y una hoja de laurel. Una vez listo, ponemos a enfriar el pollo y colamos el caldo.

Cocinamos el arroz según las instrucciones del paquete y en vez de agua usamos el caldo. Añadimos la mitad del bijol y sal a gusto. Podemos agregarle un chorro de aceite, aunque con la grasa del caldo queda perfecto.

Desmenuzamos el pollo y lo adobamos con el comino, el pimentón y el orégano seco. Salpimentamos a gusto.

Pochamos el pimiento y la cebolla restantes bien picaditos en un par de cucharadas de aceite de oliva, a fuego medio. Añadimos el ajo y el tomate y sofreímos un par de minutos. Incorporamos el pollo, la salsa de tomate, el vino seco, la otra mitad del bijol y la otra hoja de laurel. Cuando hierva, bajamos el fuego a medio-bajo, moviendo a cada rato hasta que se elimine el líquido y quede poca salsa.

Precalentamos el horno a 180°C (350°F).

Montamos el arroz en una bandeja un poco alta, resistente al horno, como si se tratara de una lasaña. Debemos dividir el arroz y el queso en 3 partes y el pollo a la mitad. Ponemos una capa de arroz en el fondo de la fuente, luego una de pollo y una de queso. Repetimos las capas, terminando con arroz y espolvoreándole queso. Cubrimos la bandeja con papel de aluminio y horneamos 45 minutos. Pasado ese tiempo, retiramos el aluminio y gratinamos 5 minutos. Retiramos la bandeja del horno y dejamos reposar el arroz durante unos 15 minutos para que no se desmorone al servirlo en cuñas. Adornamos con los piquillos y el perejil bien picadito.

arroz frito

Hacia mediados y durante el tercer cuarto del siglo XIX, España contrató culíes chinos para laborar en las plantaciones azucareras y tabacaleras de Cuba. Una vez concluido su contrato, muchos de estos trabajadores decidieron asentarse en tierras cubanas. De aquí nació el mestizaje étnico, cultural y, por supuesto, culinario, de los chinos en la isla.

Aunque popularmente se le considera una comida tradicional china, muchos afirman que el arroz frito, tal como lo conocemos en Cuba, fue concebido por jornaleros chinos asentados California. El de esta receta, es una versión del que preparaba María, la madre de mis amigos Juan Carlos e Ileana. Llevaba tantos ingredientes para la escuálida mesa cubana de los años 90, que ella sólo lo hacía cuando había fiesta, reuniendo poco a poco las carnes, a veces congelándolas durante meses. Las raciones, por supuesto, eran exactas: no había de dónde repetir. En una ocasión dejé caer el plato al suelo y se hizo añicos, y todos tuvieron que compartir un poquito de su arroz conmigo ¡Con lo difícil que es servirse poco de este plato!

12-15 raciones

Ingredientes:

350 g (¾ de lb) de pollo cortado en cubitos

350 g (¾ de lb) de cerdo cortado en cubitos

350 g (¾ de lb) de jamón cortado en cubitos

350 g (¾ de lb) de camarones (gambas) pelados

1 cabeza de ajo

5 cm (2 pulgadas) de jengibre fresco

10 cucharadas de aceite vegetal

4 huevos

Sal

6 tazas de arroz de grano largo cocinado el día anterior y guardado en el frigorífico

6 cucharadas de salsa soya

4 cebollinos picaditos

1 taza de frijolitos chinos (brotes de soja) lavados y escurridos

Preparación:

Rallamos el ajo y el jengibre y lo dividimos en 4 porciones cada uno. Salamos las carnes, el jamón y los camarones. Vamos a cocinarlos todos por separado en una misma sartén o wok que limpiaremos con papel de cocina antes de cocinar el siguiente o en 4 sartenes diferentes. Calentamos 2 cucharadas de aceite a fuego medio, añadimos la cuarta parte del ajo y la cuarta parte del jengibre y aromatizamos el aceite por 30 segundos. Enseguida añadimos el pollo y doramos. Lo mismo con el cerdo y el jamón. Con los langostinos, hasta que cambien de color y moviéndolos constantemente. Reservamos cada uno por separado.

Limpiamos la sartén y añadimos 1 cucharada de aceite. Batimos los huevos con una pizca de sal y hacemos con ellos huevos revueltos. Reservamos.

Calentamos la cucharada de aceite restante en un wok o sartén grande con el fuego al máximo e incorporamos el arroz (que anteriormente, y de ser necesario, habremos desgranado con un tenedor) y la salsa china. Mezclamos bien para que el arroz cambie de color. Si hace falta, le ponemos otro poco de salsa china.

Incorporamos las carnes, el jamón, los camarones, los huevos revueltos y los cebollinos de modo uniforme. Por último, le ponemos encima los frijolitos chinos, apagamos el fuego y tapamos la sartén. Dejamos reposar unos 3-5 minutos antes de servir, para que los brotes de soja se cocinen al vapor pero sin que se marchiten.

pimientos rellenos
con arroz y picadillo

Los pimientos rellenos los aprendí a hacer con mi tía Rosy, una de las pocas personas que tenía fogón con horno entre mis familiares y conocidos. En mi adolescencia siempre pasaba parte de mis vacaciones en su casa, en la provincia de Camagüey. Nunca olvidaré aquellas tardes tomando té, recostadas en las butacas enormes mientras revisábamos viejos libros de cocina buscando recetas para cocinar en el horno: bizcochos, cuando teníamos harina; merenguitos o suspiros, cuando conseguíamos huevos, y estos pimientos que tanto nos alegraban con su colorido y que solíamos acompañar con ensalada de lechuga y tomate.

Recomiendo hacerlos con pimientos rojos, amarillos o naranja, que son los más dulces.

4 raciones

Ingredientes:

Para el relleno:

¼ kg (½ lb) de carne de res molida (ternera picada)

½ pimiento verde picadito

½ cebolla mediana picadita

1 cucharada de ajo machacado

230 g (8 oz) de salsa de tomate

1 taza de vino seco o vino para cocinar

1 cucharada de comino

1 cucharada de orégano

1 hoja de laurel

⅓ de taza de uvas pasas

2 cucharadas de alcaparras

Sal

Pimienta

1 taza de arroz blanco cocido

Para preparar los pimientos:

4 pimientos grandes

2 cucharadas de aceite de oliva virgen extra

Preparación:

Calentamos una sartén o una cazuela a fuego medio. Añadimos la carne de res molida y la cocinamos hasta que cambie de color, tratando de que no se hagan pelotas. Incorporamos el ajo, la cebolla y el pimiento verde picaditos y seguimos cocinando unos 3-4 minutos. Adicionamos la salsa de tomate, el vino y el resto de los ingredientes. Mezclamos bien, tapamos la sartén y cocinamos unos 15-20 minutos, hasta que la salsa esté bien espesa.

Mientras tanto, cortamos una especie de tapa en la parte superior de cada pimiento. Con cuidado, retiramos las semillas y las venas del interior. Colocamos todas las piezas boca abajo sobre papel de cocina para que se escurran.

Precalentamos el horno a 180°C (350°F).

Una vez listo el picadillo, retiramos la hoja de laurel y lo unimos con el arroz cocinado. Rellenamos la parte de debajo de los pimientos con la mezcla, presionando con suavidad hasta el fondo, de modo que quede bien compacto el relleno. Tapamos los pimientos con la parte superior. Es opcional fijar las tapas con palillos de diente.

Untamos una bandeja honda (de las que usamos para hacer lasaña) resistente al horno con un poco de aceite. Untamos también los pimientos con el aceite de oliva y los colocamos en la bandeja. Los tapamos con papel aluminio y horneamos durante 45 minutos.

Una vez fuera del horno, retiramos el aluminio y los dejamos asentarse al menos unos 5 minutos antes de servir. Podemos quitarles la tapa y espolvorearlos con queso rallado o perejil picadito en el momento de servir.

espaguetis napolitanos a la cubana

En mi adolescencia, hubo un tiempo en que casi todos los días iba a comer a la pizzería con una amiga y siempre compartíamos lo mismo: un plato de espaguetis y una pizza personal. La pizzería se llamaba Etna y era la única del pueblo.

Los espaguetis lo preparaban con una salsa de tomate conocida como Vita Nuova. Aún hoy, cada vez que pruebo la salsa de tomate que acompaña las pastas no puedo evitar compararla con aquella salsa que todavía se produce y vende en la isla. Cuando preparo una salsa de tomate para pastas intento imitarla. Las salsas al vodka me recuerdan bastante aquel sabor, por eso decidí ponerle un chorrito de esta bebida a mi receta. Quién sabe si ese sea el secreto de la Vita Nuova.

En Cuba las pastas más comunes eran los espaguetis y los macarrones. Los servían con un queso molido -en lugar de rallado-, no muy seco y de sabor suave.

3 raciones

Ingredientes:

300 g (¾ lb) de espaguetis

2 tazas de tomates en conserva y su jugo

1 cucharadita de albahaca seca

½ cucharadita de orégano seco

3 dientes de ajo, picadito

¼ de taza de vodka

¼ de taza de leche evaporada o nata líquida

1 pizca de guindilla en polvo

¼ cucharadita de azúcar

2 cucharadas de aceite de oliva

Sal

Pimienta

4 cucharadas de queso mozzarella seco rallado

Preparación:

Pasamos los tomates y su jugo por la batidora o el robot de cocina.

Calentamos el aceite a fuego medio en una cazuela mediana y añadimos el ajo y la guindilla. Cocinamos sólo 30 segundos y agregamos el tomate, el orégano, la albahaca, el azúcar, sal y pimienta. Sofreímos un par de minutos y, cuando hierva, agregamos el vodka y dejamos que se evapore la mitad. Agregamos la nata y bajamos el fuego al mínimo. Tapamos y dejamos que espese mientras cocinamos los espaguetis según las instrucciones del fabricante. Después de escurrir la pasta, la agregamos a la cazuela con la salsa y mezclamos bien fuera del fuego.

Agregamos queso al gusto en cada plato.

Guarniciones

arroz blanco

El arroz blanco es el acompañante principal de la comida cubana. Se puede consumir en las dos comidas principales del día y no faltan los que dicen que si no hay arroz es como si no hubieran comido

Usamos un arroz de grano largo y nos gusta que quede desgranado. Si bien en esta receta explico cómo hacerlo, es importante, en cualquier caso, que sigan las instrucciones de cocción del paquete de arroz de su elección porque algunos arroces requieren más agua que otros.

Aunque la olla arrocera es muy práctica, cuando hago comida cubana me gusta cocinar el arroz en la cazuela de toda la vida, tal como se hacía en casa de mis abuelos.

4 raciones

Ingredientes:

2 tazas de arroz

3 tazas de agua

3 cucharadas de aceite
o de manteca de cerdo

2 cucharaditas de sal

Preparación:

Lavamos el arroz tres o cuatro veces y lo escurrimos bien.

Calentamos dos cucharadas de aceite a fuego medio-alto en una cazuela y salteamos el arroz hasta que esté transparente. Agregamos el agua y la sal. Esperamos que hierva, lo tapamos y cuando el agua se haya consumido, unos 5 minutos después, bajamos el fuego al mínimo. Seguimos cocinándolo durante 15-20 minutos, hasta que esté tierno.

Agregamos entonces otra cucharada de aceite y removemos el arroz con un tenedor para darle aire y que el aceite se distribuya bien por todo el arroz para obtener el brillo deseado.

plátanos maduros fritos

Los plátanos maduros fritos son el complemento ideal de la comida cubana y de la de casi todo el Caribe. En muchas recetas de este libro van a leer «servir con plátanos maduros fritos».

Son facilísimos de hacer y están listos en pocos minutos. Siempre me recuerdan a mi abuela paterna, que se enojaba porque todos queríamos comerlos mientras ella freía, sin esperar a que la comida estuviera servida.

El secreto para hacerlos es que el plátano esté bastante maduro, pero no tanto como para que pierda la forma cuando se pele o corte. Aunque en ese momento la cáscara tenga color negruzco, el plátano aún posee la consistencia o dureza suficiente para poder manipularlo. Si están demasiado maduros, al freírlos se requeman y quedan azucarados.

1 plátano para 2 raciones

Ingredientes:

Plátanos maduros

Aceite vegetal para freír

Preparación:

Ponemos a calentar el aceite en una sartén de aproximadamente 3 centímetros de profundidad.

Pelamos el plátano y lo cortamos en diagonal, en rodajas de 1–1,5 centímetros de ancho. Freímos en aceite caliente sin que queden unos encima de otros durante 2-3 minutos por cada lado, reducimos el fuego a medio-bajo cuando les demos la vuelta. Deben quedar dorados. Los retiramos con una espumadera y los colocamos sobre papel absorbente para eliminar el exceso de grasa.

Si los plátanos están demasiado maduros, los cortamos un poco más anchos, aunque lo más probable es que queden pegados unos a otros en el momento de freírlos, incluso puede que se adhieran al papel absorbente si lo ponemos sobre éste para escurrir la grasa.

tostones o chatinos

Para mí los tostones, además de acompañantes, son aperitivos. Me encanta comerlos antes de servir, mientras los frío. Al igual que los plátanos maduros fritos, van bien con casi toda la comida cubana.

Yo soy del centro de Cuba y por allá los llaman «chatinos». En otras zonas los llaman también «plátano a puñetazos», ya que se aplastan para que queden como «galleticas».

El secreto para pelar con facilidad los plátanos verdes es hacerles un corte en el lomo y, a partir de ahí, comenzar a pelarlos. Yo siempre decía que el hombre con el que me casara tenía que saber pelar plátanos verdes, pero al final aprendí un día... tratando de enseñar a mi marido.

1 plátano por ración

Ingredientes:

Plátanos verdes

Sal

Abundante aceite para freír

Preparación:

Pelamos los plátanos y los cortamos en rodajas de 3 centímetros. A continuación, los ponemos en una cazuela, o en la freidora, con aceite a temperatura ambiente, y los freímos durante aproximadamente 8 minutos para que se ablanden. El aceite debe cubrirlos totalmente.

Luego envolvemos, una por una, las rodajas de plátano con papel de horno y las aplastamos con el fondo de un vaso o una lata de conservas, reduciendo su grosor a unos 7-8 milímetros, con cuidado de no romperlos.

Llenamos de agua un cuenco grande y le añadimos un poco de sal. Dejamos reposar los plátanos en el agua salada durante 30 segundos y los volvemos a freír, esta vez con el aceite caliente y solo 3 minutos.

Ponerlos en agua es opcional, pero es lo que hace que queden tostados por fuera y tiernos por dentro. Tenemos que tener cuidado al ponerlos en el aceite hirviendo, porque si los plátanos contienen restos de agua, el aceite puede salpicar.

Yo compruebo que están listos tocándolos con un tenedor: si suenan es que están tostados.

Los espolvoreamos con sal al gusto. Si lo preferimos, podemos servirlos con mojo de perejil (pág. 136) o con mojo de ajo (pág. 138).

chicharritas o mariquitas

Creo que las chicharritas son lo más adictivo de toda la comida cubana. Siempre me recuerdan ese anuncio americano de patatas fritas que decía algo así como que eran demasiado buenas para comer sólo una.

El modo de prepararlas es el que solemos usar para freír las malangas y las yucas. En España se pueden comprar en los mercados ya listas para el consumo, empaquetadas en bolsitas como las chips americanas.

Las mariquitas se pueden servir también para picar o para acompañar nuestros sándwiches. Algunos las prefieren con mojo de ajo.

1 plátano para 1 ó 2 raciones

Ingredientes:

Plátanos verdes

Abundante aceite vegetal para freír

Preparación:

Pelamos el plátano y lo cortamos en rodajas bien finas. Podemos hacerlo en diagonal o en rodajas del mismo ancho del plátano. Si vamos a cortarlo en diagonal, es preferible, debido a su curvatura, cortar primero el plátano en dos.

Una mandolina es el instrumento ideal para hacer las chicharritas, pero la tarea también puede realizarse con un cuchillo bien afilado.

Freímos unos 4 minutos en aceite caliente que las cubra. Ponemos la freidora a 190°C (375°F). Para comprobar que están listas golpeamos suavemente con un tenedor. El sonido nos ayudará a comprobar si están crujientes.

Con una espumadera retiramos las mariquitas y las ponemos sobre papel absorbente para eliminar el exceso de grasa. Luego espolvoreamos con sal.

Si queremos podemos servirlas con mojo de ajo (pág. 138).

fufú de plátano

En Cuba hay varias formas de preparar esta mezcla de plátanos con carne de cerdo, chicharrones o simplemente manteca: el matajibaro, el machuquillo y el caricato. También en Puerto Rico tienen el mofongo y en República Dominicana el mangú. Mi receta tiene un poquito de cada uno.

Pueden prepararla usando solo plátanos verdes, pero el dulzor que le da el plátano pintón (así le decimos en Cuba cuando comienza a madurar) es delicioso. También disfrutarán la textura que los tostones y el chicharrón molidos le dan a este fufú.

2 raciones

Ingredientes:

1 plátano verde

1 plátano pintón

¼ kg de chicharrones (Pág. 14)

5 tostones (Pág. 128)

Mojo de ajo (Pág. 138)

Sal

Cilantro para adornar (opcional)

Preparación:

Ponemos a hervir los plátanos con una cucharada de sal, picados en rodajas de 5 centímetros de ancho, con o sin cáscara, según se prefiera. Es más fácil quitarle la cáscara una vez hervidos. Tardan 20-25 minutos en ablandarse, aunque puede que el plátano pintón esté listo en 20 minutos. En ese caso, los retiramos con la espumadera y cocinamos los plátanos verdes otros 3-5 minutos.

Cortamos los chicharrones, reservando unos pedacitos de estos últimos para decorar el plato.

Trituramos los tostones junto a los chicharrones en el robot de cocina. Reservamos.

Cuando estén listos los plátanos, los escurrimos y los ponemos en un cuenco. Majamos y agregamos el mojo, los tostones y los chicharrones molidos. Mezclamos bien todo. Rectificamos la sal.

Dividimos a la mitad el fufú y servimos dos porciones usando un molde o un cuenco pequeño para darle forma. Lo adornamos con los pedazos de chicharrón no molidos y/o con unas hojitas de cilantro o perejil.

boniato frito de Tony Oliva

Tony Oliva es una gloria del béisbol cubano que desarrolló su carrera en las Grande Ligas de Estados Unidos con el equipo Minnesota Twins, donde permanece como entrenador.

A Tony lo conocí hace unos años en casa de unos amigos y pasamos una tarde maravillosa jugando al dominó y hablando de nuestra isla. Quedé impresionada con su sencillez. Mientras la gente lo alababa por sus tres campeonatos de bateo en las grandes ligas y sus ocho Juegos de Estrellas, él parecía más interesado en la comida cubana que compartíamos: que si los chicharroncitos le gustaban con carne y no solo con pellejo, que si la yuca frita se come con una salsita con ajo, y que si el secreto de los boniatos fritos es pasarlos por agua entre la primera y segunda freidura.

Desde entonces, sigo su receta cuando hago boniatos fritos y siempre es un éxito rotundo. Como dirían en mi tierra: un home run con las bases llenas.

Debo aclarar que este plato se prepara con lo que yo llamo boniatos cubanos o caribeños, esos que son rojizos por fuera y grisáceos por dentro, y no los de color naranja que son más comunes en Estados Unidos.

4 raciones

Ingredientes:

1 litro de aceite vegetal

3 boniatos pequeños o 2 medianos

1 cucharadita de sal

Preparación:

Pelamos los boniatos y los cortamos por la mitad a lo largo. Luego picamos esas mitades en tiras de 3 centímetros y las colocamos en una cazuela con aceite a temperatura ambiente, de modo que queden cubiertos. Si tenemos freidora, la ponemos a 180°C (350°F) e inmediatamente agregamos los boniatos.

Los freímos unos 8-10 minutos, hasta que queden dorados. Los retiramos con una espumadera y los pasamos medio minuto por un cuenco con agua que los cubra y en el que previamente habremos disuelto la sal. Calentamos el aceite a 190°C (375°F) y freímos los boniatos por segunda vez unos 3 minutos, hasta que se doren. Cuando los retiremos, los colocamos sobre papel absorbente para eliminar el exceso de grasa.

Quedarán blanditos por dentro, tostados por fuera y con el punto de sal ideal para contrarrestar el sabor dulce del boniato.

ñame con mojo

El ñame es una raíz poco conocida fuera de las culturas africana o caribeña. Su textura se encuentra a medio camino entre la malanga y la yuca, aunque es mucho más gruesa. Como la malanga, se usa también para preparar frituras y puré.

En Miami no se come tanto, pero se puede encontrar en casi todos los mercados. Creo que en Cuba era, o es, un alimento más común en el campo que en las ciudades. Yo soy feliz con un plato en el que humee una rueda de ñame; y si son dos, tengo la comida garantizada. No necesito nada más en el plato. Aunque unas masas de cerdo nunca estarían de más para acompañar esta maravillosa raíz.

4 raciones

Ingredientes:

1 ñame blanco mediano

1 cucharadita de sal

Para el mojo con perejil:

2 cucharadas de ajo picadito

2 cucharadas de perejil picadito

8 cucharadas de aceite de oliva virgen extra

1 cucharada de zumo de limón

Preparación:

Pelamos el ñame y lo cortamos en rodajas de 2 a 3 centímetros de ancho. Colocamos las rodajas en una cazuela con agua suficiente para cubrirlas y las cocinamos a fuego medio durante 40 minutos, hasta que estén tiernas.

Retiramos las rodajas con una espumadera y las servimos con el mojo de perejil o con el mojo de ajo (pág. 138).

Para preparar el mojo ponemos a calentar el aceite a fuego medio durante 1-2 minutos y lo retiramos del fuego. Agregamos el ajo bien picado y dejamos que se cocine en el aceite durante 30 segundos. Añadimos el perejil y el limón y mezclamos bien.

calabaza con mojo

Este plato me recuerda mucho los almuerzos en casa de mi abuela Gladys a principios de la década de los noventa. Ella cocinaba enormes calderos de calabaza y nos decía a todos que era lo mejor que había para tener buenas piernas, que para el cubano son sinónimo de gordas y hermosas. Quien pasara por su casa podía servirse aquel fruto generoso de un amarillo intenso, casi rojo. Todavía es uno de los platos preferidos de mi madre, que lo degusta simplemente hervido.

Es un acompañante extraordinario para carnes. El contraste entre el dulzor de la calabaza con el sabor fuerte de unos filetes bien adobados no requiere nada más en el plato.

4 raciones

Ingredientes:

1 kg (2.2 lb) de calabaza
1 cucharada de sal

Para el mojo de ajo:
4 cucharadas de aceite de oliva virgen extra
1 cucharada de ajo picado
1 cucharadita de zumo de limón

Preparación:

Ponemos a calentar abundante agua en una cazuela hasta cubrir la calabaza.

Retiramos las semillas de la calabaza y las cortamos en rodajas de 3 centímetros de ancho. No es necesario pelarla, ya que una vez cocida se puede comer con cáscara. Si en vez de una porción vamos a cocinar toda la calabaza, primero la cortamos a lo largo, de modo que resulten de 4 a 6 trozos.

Cuando el agua hierva, añadimos la sal, y cuando se haya disuelto, agregamos la calabaza. Tapamos la cazuela y cocinamos a fuego medio durante media hora aproximadamente hasta que esté tierna. Podemos comprobar si está lista pinchándola con un tenedor. La retiramos con una espumadera, con cuidado, y escurriéndola.

La colocamos en un plato, o en una bandeja, y le vertemos por encima el mojo de ajo al gusto.

Para hacer el mojo ponemos a calentar el aceite en una sartén o en una cazuela pequeña a fuego medio durante 1-2 minutos, retiramos del fuego y agregamos el ajo. Dejamos que el ajo se cocine en el aceite caliente durante 1 minuto y añadimos el jugo de limón. Removemos bien.

yuca con mojo

Esta es una de las guarniciones que solemos comer en Fin de Año, Navidad, y en las grandes fiestas, con congrí y lechón asado. Aunque en el argot culinario cubano está bien decir que «no todas las yucas son iguales», ya que no todas se ablandan con la misma rapidez, la frase puede ser sobrentendida con malicia, pues en nuestro país esta raíz está asociada al órgano sexual masculino. Tal ambigüedad ha quedado inmortalizada en un popular estribillo compuesto por ese genio de la música cubana que fue Arsenio Rodríguez: «Dile a Catalina que te compre un guayo, que la yuca se me está pasando»

4 raciones

Ingredientes:

2 yucas

Para el mojo:
1 cucharada de sal
½ taza de aceite de oliva virgen extra
1 cebolla blanca cortada en ruedas
Chicharrones picaditos (opcional)

Preparación:

Pelamos la yuca y la cortamos en trozos de 8 centímetros de largo. Echamos los trozos en una cazuela, vertemos agua suficiente para cubrirlos y ponemos la cazuela a fuego medio-alto aproximadamente unos 20 minutos hasta que veamos que la yuca comienza a abrirse.

La escurrimos y luego la «asustamos», lo que no es más que devolver la yuca a la cazuela y cubrirla con agua a temperatura ambiente. Cocinamos otros 10 minutos hasta que esté blandita y agregamos entonces la sal. La dejamos cocinar otros 5 minutos.

Mientras, preparamos el mojo. Ponemos a calentar el aceite en una sartén y agregamos la cebolla, cocinándola unos 3-4 minutos sin que llegue a ponerse tierna completamente.

Volvemos a escurrir la yuca y la servimos con mojo de cebolla por encima y con unos chicharrones picaditos (pág. 14). También puede servirse con mojo de ajo o mojo de perejil (pág. 136).

puré de papas duquesa

Este plato no era habitual en la Cuba que me tocó vivir. Hacía tiempo que a las casas se les habían estropeado los hornos y no había manera de reponerlos. En otras, sencillamente, nunca los hubo. Terminar esta receta en el hogar era, por tanto, una tarea imposible. Solía comerse más bien en restaurantes sofisticados. En casa no pasábamos del puré, que también es muy sabroso, sobre todo con queso crema. A los niños les encanta y es ideal para acompañar carnes, pescado, pollo, o, simplemente, para comer solo.

4 raciones

Ingredientes:

1 kg (2.2 lb) de papas (patatas)
(5-6 medianas)

45 g (3 cucharadas) de mantequilla

70 g (2 ½ oz) de queso crema tipo
Philadelphia a temperatura ambiente

2 yemas de huevo

½ taza de leche

Sal

Pimienta

1 clara de huevo

Preparación:

Ponemos a hervir agua en una cazuela grande. Mientras, pelamos las patatas y las cortamos en trozos de 5 centímetros. Si lo preferimos, podemos cocinarlas con cáscara y comerlas así.

Una vez que haya hervido el agua, añadimos las patatas con 1 cucharadita de sal y las cocinamos durante 20 minutos con la cazuela destapada. Cuando estén listas, las escurrimos.

Precalentamos el horno a 230°C (450°F).

Colocamos las patatas en el robot de cocina, en una batidora o en un cuenco grande en el que podamos majarlas a mano junto a todos los ingredientes, menos la clara de huevo. Mezclamos bien hasta que todos los ingredientes formen un puré uniforme y cremoso. Ponemos este puré en moldes individuales o en una bandeja como las que se usan para hacer lasaña. Con ayuda de una manga pastelera, podemos decorarlo al gusto.

Untamos la parte superior con la clara de huevo y horneamos unos 10-12 minutos hasta que se dore.

Servimos inmediatamente.

Si optamos por prepararlo con antelación, resiste un par de días en el frigorífico. Le ponemos la clara de huevo en el último momento y lo horneamos poco antes de la comida. Tenemos que tener en cuenta que, en este caso, no se puede usar un molde de barro o cristal, y si lo hacemos debemos dejar que estén a temperatura ambiente antes de colocarlos en el horno, porque se romperían con el cambio brusco de temperatura.

Pescados
y mariscos

costa norte

Siempre comía este pescado en un restaurante precioso que había en la playa de Caibarién. La gente seguía llamándole el Yatch Club, que era el nombre que tenía antes de la Revolución. No soy capaz de recordar cómo se nombró después. En lugar de paredes tenía persianas de un cristal verde azul que imitaba el color del mar y hacía más leve la luz que venía de fuera. Tengo entendido que las ventanas desaparecieron con algún huracán hace unos años y que ahora es un sitio con paredes de bloques y ventanas pequeñas.

Mi padre y yo pedíamos Costa Norte; mi madre, que nunca ha sido amante del pescado, siempre prefería el pollo a la Cordon Bleu.

Es importante que los filetes de pescado que elijamos no sean gruesos y que tengan tamaño y forma similares. También podemos cortar un filete un poco más grueso en forma de libro abierto.

1 ración

Ingredientes:

2 filetes de pescado blanco
tipo merluza no muy gruesos

2 lonchas finas de jamón York

2 lonchas finas de queso suizo o Emmental

Sal de ajo

Pimienta

Harina

Huevos batidos

Pan rallado

Abundante aceite para freír

Palillos de dientes (opcional)

Preparación:

Adobamos los filetes con la sal de ajo y la pimienta.

Cortamos las lascas de jamón y queso de modo que quepan en medio de los dos pedazos de pescado y queden libres los bordes de los filetes. Me gusta dividir el queso a la mitad y colocar el jamón en medio. Cerramos y pasamos por harina, huevo y pan rallado. Si no se pegan bien los bordes, podemos usar palillos de dientes, aunque eso suele resolverse con el empanado.

Freímos en aceite caliente en una sartén, o a 180°C (350°F) si tenemos freidora. El aceite debe cubrir todo el pescado para que se cocine de manera uniforme. Lo retiramos cuando esté dorado, unos 5-6 minutos. Lo colocamos sobre papel de cocina para eliminar el exceso de grasa.

Podemos servirlo con ensalada y arroz con vegetales, con puré de papas o con plátanos maduros fritos y arroz blanco.

enchilado de camarones

Mencioné en la receta del cóctel de camarones que Cuba llamamos camarón a ese crustáceo maravilloso que en España se conoce como gamba.

Si hubiera preparado este enchilado en mi país, difícilmente hubiera adicionado picante: no es muy usual en la comida de la isla. Cuando me visitan familiares tengo mucho cuidado. Mis compatriotas son muy sensibles a la comida que pica. Después de emigrar, me costó un tiempo acostumbrarme a comer platos o salsas picantes.

La guindilla le da un toque especial a esta receta, pero si quieres puedes prescindir de ella. Lo del jengibre es mi sello personal para el enchilado y les aseguro que les va a encantar. Y es que hay tantas recetas de enchilado como cocineros. Muchos le ponen tabasco o pimentón en lugar de guindilla, comino y hojas de laurel en vez de orégano, y queda también muy sabroso.

Además, en Cuba preparamos enchilado con langosta y cangrejos. Este plato es la versión cubana del famoso shrimp creole de Luisiana, Estados Unidos. Su sabor reúne el legado de la comida francesa, africana y española.

3 o 4 raciones

Ingredientes:

½ kg (1 lb) de camarones (gambas) cocidas, unas 40.

2 cucharadas de aceite de oliva virgen extra

½ cebolla blanca mediana

½ pimiento verde mediano picado

4-5 dientes de ajo picados o machacados

1 pizca de jengibre en polvo

1 pizca o más de guindilla (depende de cuán picantes los quieras)

¼ cucharadita de orégano

230g (8 oz) de salsa de tomate

¾ de taza de vino blanco para cocinar

1 pizca de azúcar blanca

¼ cucharadita de sal

1 pizca de pimienta blanca

2 cucharadas de perejil bien picado para adornar

Preparación:

Calentamos una sartén honda o un wok a fuego medio y añadimos el aceite. Pochamos el ají y la cebolla. Agregamos el ajo y las especias en polvo. Salteamos unos 2 minutos y añadimos la salsa de tomate. Sofreímos otros 2 minutos. Incorporamos el vino, el azúcar, la sal y la pimienta. Cuando se evaporen ⅔ del vino, rectificamos la sal y agregamos las gambas. Subimos el fuego al máximo y los cocinamos durante 3 minutos. Los servimos en una fuente o en platos individuales sobre arroz blanco y los adornamos con el perejil picadito.

Acompañamos con ensalada mixta o de aguacate.

Si usamos camarones frescos, los cocinamos hasta que cambien de color, pero no más, porque se ponen duros.

pescado Caibarién

Como casi todas las recetas de pescado que sé hacer desde Cuba, esta me viene de mi padre. Él aprendió a hacerla en Caibarién, uno de los pueblos de la costa norte cubana. Se prepara con el pescado entero, independientemente del tamaño, sobre todo usando cherna (mero), pargos o macarela (caballa). Es una receta fácil, rápida y sana.

Ahora la hago en el horno. Papi en cambio, la preparaba en una cazuela o una sartén grande tapada, que era de lo que disponíamos entonces, y los cocinaba a fuego bajo. Hasta hoy sigue siendo una de sus comidas preferidas.

Las papas cocinadas debajo del pescado son la guarnición perfecta para este asado: quedan suaves por dentro y se impregnan del sabor del pescado.

2-3 raciones

Ingredientes:

2 rabirubias (pargo de cola amarilla) medianas, enteras y limpias

4 dientes de ajo

Sal

1 tomate

½ cebolla

2 papas medianas

Aceite de oliva

Pimienta negra, roja o blanca (opcional)

Zumo de 1 limón

Preparación:

Con ayuda de un cuchillo, hacemos varias hendiduras en los pescados, a lo ancho sin llegar a los bordes.

Machacamos los dientes de ajo junto con la sal y untamos los pescados con esta mezcla, introduciendo pedacitos de ajo en las grietas. Los untamos con aceite.

Cortamos el tomate en rodajas y la cebolla en juliana o en rueditas. Pelamos las papas y las cortamos en ruedas de 1 centímetro de grosor aproximadamente.

Precalentamos el horno a 180°C (350°F). Engrasamos levemente una bandeja.

Engrasamos ligeramente las papas en un cuenco y les agregamos sal al gusto. Las colocamos sobre la bandeja y encima ponemos el pescado. Adornamos con el tomate y la cebolla. Metemos al horno media hora y lo rociamos con el zumo de limón en el momento de servirlo o lo adornamos con unas rodajas de limón y que cada cual le ponga zumo a su gusto.

aporreado de pescado

El nombre de este plato le resulta divertido a muchos hispanoparlantes, pues suena a pescado «vapu-leado». En realidad, aporreado es un término genérico con el que los cubanos nos referimos a la carne o al pescado desmenuzados y cocinados en salsa. El aporreado de pescado lo puedes servir con arroz blanco y plátanos maduros fritos, o usarlo como relleno para tostones (pág. 128), empanadas y empanadillas.

8 raciones

Ingredientes:

1 kg (2 ½ lbs) de corvina

1 cebolla blanca o amarilla mediana

1 pimiento verde

6 granos de pimienta

Sal

1 cucharada de comino en polvo

1 cucharada de orégano en polvo

Pimienta molida

1 taza de leche

6 dientes de ajo

1 tomate

3 cucharadas de aceite de oliva

½ taza de salsa de tomate

1 taza de vino seco o vino blanco de cocinar

1 cucharadita de pimentón de la vera

1 cucharada de bijol

perejil fresco picadito

Preparación:

Cortamos el pescado en pedazos grandes y los ponemos en una cazuela. Agregamos agua suficiente para cubrirlos. Adicionamos la mitad de la cebolla y la mitad del pimiento verde cortados toscamente, un diente de ajo, los granos de pimienta y sal al gusto. Hervimos a fuego medio unos 15-20 minutos, hasta que el pescado esté tierno. Escurrimos el pescado y conservamos el caldo, que nos puede servir para preparar otro plato, por ejemplo un arroz con mariscos (pág. 106).

Dejamos que el pescado se enfríe lo suficiente como para desmigajarlo, y nos aseguramos de eliminar las espinas.

Adobamos el pescado desmigajado con el comino y el orégano en un cuenco. Le espolvoreamos pimienta al gusto y añadimos la leche. Dejamos reposar media hora.

Mientras tanto, machacamos el ajo, cortamos el tomate en cuadraditos y picamos bien el resto del pimiento verde y la cebolla.

Calentamos el aceite de oliva en una sartén a fuego medio y agregamos el pimiento y la cebolla picaditos, los sofreímos unos 5 minutos, removiendo a cada rato. Adicionamos el ajo machacado y los tomates cortados; esperamos un par de minutos. Agregamos la salsa de tomate, el vino seco, el pimentón y el bijol. Mezclamos bien, incorporamos el pescado adobado y volvemos a remover. Rectificamos la sal. Cubrimos la sartén y cocinamos a fuego lento, durante 15-20 minutos, dependiendo de cuánta salsa queremos que quede.

Espolvoreamos con el perejil en el momento de servir.

pulpeta de macarela

La pulpeta se hace de carne o de pescado y tiene forma de cilindro. A mí la de pescado me encanta. Sobre todo como la hacen en Cuba, preparada con macabí, un pescado de masa suave y roja que no he podido encontrar en Miami.

Mi amiga Lola, que es de Caibarién y ahora vive en Miami, las hace con macarela o caballa, que por sus características son ideales para pudines, croquetas o albóndigas. El resultado es fabuloso. Genial para picar. Se pueden comer frías, cortadas en lonchas, sobre galletas o pan. También se pueden calentar en salsa criolla como en esta receta y servir con arroz blanco y plátanos maduros fritos o ensalada de aguacate.

4 raciones

Ingredientes:

Para la pulpeta:

2 tazas de macarela cruda molida

1 ½ taza de pan picadito

½ taza de leche

1 cucharada de cebolla molida

1 cucharada de ajo molido

1 cucharada de pimiento rojo molido

1 cucharada de pimiento verde molido

1 cucharadita de comino en polvo

1 cucharadita de pimienta

1 cucharadita de perejil seco

1 cucharadita de sal

2 cucharaditas de zumo de limón

Para la salsa:

2 tazas de salsa criolla (pág. 30)

½ taza de vino seco o vino blanco de cocinar

1 pimiento rojo o verde cortado en tiras

Perejil picadito o cebollinos para adornar

Preparación:

Unimos el pan con la leche y el pescado. Agregamos el resto de los ingredientes de la pulpeta y mezclamos bien. Moldeamos la masa en forma cilíndrica, con un diámetro de aproximadamente unos 7 centímetros (casi 3 pulgadas) y la cocinamos a fuego medio en un recipiente con abundante agua hirviendo y una cucharadita de sal. También podemos hacer bolitas con la masa. Cuando flote, estará lista. La retiramos de la cazuela y dejamos que se enfríe.

Calentamos la salsa criolla de ser necesario y le agregamos el vino. Cuando hierva, bajamos el fuego a medio, añadimos la pulpeta cortada en ruedas de 2 centímetros (2/3 de pulgada) y las tiras de pimiento. Tapamos y cocinamos unos 15-20 minutos. Al servirla, adornamos con perejil o cebollino para darle más color al plato.

bacalao estilo Vero

Esta es mi receta favorita para Viernes Santo, pero la preparo cualquier día del año, ya que el bacalao siempre es bienvenido en nuestra mesa. A este plato le llamamos «aporreado de bacalao». A veces lo hago sin papas y lo sirvo con boniato hervido o frito (receta en la pág. 134).

Comenzamos la elaboración la noche antes. Ponemos en remojo el bacalao salado y cambiamos el agua varias veces. Al día siguiente, antes de comenzar a cocinar, le damos un hervor, lo escurrimos y manos a la obra.

6 raciones

Ingredientes:

½ kg (1 lb) de bacalao desalado

1 cucharada de pimentón de la Vera

4 papas (patatas) pequeñas

Abundante aceite vegetal
para freír las papas (patatas)

4 cucharadas de aceite de oliva virgen extra

½ pimiento rojo

½ cebolla

4 dientes de ajo

1 ½ taza de tomates en conserva con su jugo

¾ de taza de vino blanco suave
tipo Chardonnay

5 huevos hervidos

1 cucharada de perejil picadito

Preparación:

Desmenuzamos el bacalao ya desalado y lo adobamos con el pimentón de la Vera.

Pelamos las papas, las cortamos en cuadritos y las freímos en aceite a fuego medio-alto, sin que lleguen a dorarse. Las colocamos sobre papel de cocina para eliminar el exceso de grasa.

Echamos el aceite de oliva en una cazuela mediana y sofreímos la cebolla y el pimiento a fuego medio, hasta que estén tiernos, unos 5 minutos. Picamos el ajo en rueditas o lo machacamos y lo adicionamos junto a los tomates y su jugo. Sofreímos otros 2-3 minutos. Agregamos el vino, removemos y dejamos que la salsa se cocine unos 4-5 de minutos.

Cortamos los huevos hervidos en cuadritos y los incorporamos a la cazuela junto al bacalao y las papas fritas. Revolvemos bien, tapamos y cocinamos durante 10 minutos o hasta que la salsa esté espesa a nuestro gusto.

Servimos con arroz blanco.

pizza de langosta

Comí por primera vez pizza de langosta en la pizzería Prado 264, ubicada en esa misma dirección, frente al famoso Paseo del Prado de La Habana. Me cuentan que este restaurante ya no es ni la sombra de lo que fue. Lo conocí en uno de mis primeros viajes a la capital. Para nuestra familia, Prado 264 se quedó, de algún modo, detenido en el tiempo y lo recordamos disfrutando en casa de esta receta.

Las pizzas cubanas tienen dos características. El queso derretido cubre los demás ingredientes y son de masa gruesa, aunque no tanto como las famosas DeepDish de Chicago. Con el tiempo me he quedado con las masas finas al estilo italiano, pero esta pizza de langosta suelo hacerla de grosor medio. Ustedes pueden usar su masa preferida, ya sea casera o comprada lista para hornear. La parte superior es tan suculenta que les va a encantar de cualquier modo. Le sienta genial un vino blanco suave, bien frío.

4 raciones

Ingredientes:

2 cucharadas de aceite de oliva virgen extra + 1 poco para untar la masa de pizza

2 dientes de ajo picadito

1 pizca de peperoncini o guindilla machacada

430 g (15 oz) de tomates picaditos

¼ de taza de vino blanco para cocinar

1 cucharadita de albahaca seca o 1 cucharada de albahaca fresca picadita

¼ de cucharadita de azúcar

Sal

Pimienta

½ kg (1 lb) de masa de langosta cortada del tamaño de un bocado

1 masa para pizza de 30 cm (12 pulgadas) lista para hornear

1 taza de queso mozzarella rallado

Preparación:

Calentamos una cazuela mediana a fuego medio y añadimos el aceite. Una vez caliente el aceite, le ponemos el ajo y la guindilla. Cocinamos durante 30 segundos e incorporamos los tomates escurridos, de los cuales hemos reservado el líquido. Sofreímos unos 3 minutos, y removemos constantemente. Añadimos el jugo de los tomates, la albahaca y el vino. Seguimos cocinando entre 3 y 5 minutos, hasta que se reduzca a la mitad. Agregamos el azúcar, así como sal y pimienta al gusto. Cocinamos la salsa alrededor de 15 o 20 minutos para que espese.

Salpimentamos las masas langosta y la agregamos a la salsa. Cocinamos durante 5 minutos, removiendo a cada rato. Reservamos.

Precalentamos el horno a la temperatura que indique el fabricante de la masa de pizza.

Untamos la masa de pizza con aceite de oliva. Vertemos por encima un poco de salsa de la langosta, dejando los trozos de langosta en la cazuela. Agregamos la mitad del queso y luego la langosta con lo que quede de la salsa. Añadimos el resto del queso y horneamos durante el tiempo que indique el paquete de la masa de pizza.

Si te sobran masas de langosta, puedes usarlas para hacer los tostones rellenos de la página 162.

escabeche de serrucho

No recuerdo haber comido escabeche en Cuba; era difícil conseguir aceite de oliva en el tiempo que viví allá. Y pasaron muchos años en Miami antes de que lo probara durante una Semana Santa de la mano de Héctor, un compañero de trabajo y vecino que llegó a convertirse en parte de mi familia. Aprendí muchísimo de él y no solo en la cocina, sino en la oficina, en los bares y en el modo de resolver muchos problemas que no existían en mi patria, aunque fueran comunes en la vida de cualquier ser humano en cualquier sitio del mundo.

3 raciones

Ingredientes:

3 ruedas de serrucho de 2 cm de ancho

Sal

Pimienta

½ taza de aceite vegetal para freír

½ pimiento rojo cortado en tiras

½ pimiento naranja cortado en tiras

1 cebolla blanca cortada en ruedas

1 hoja de laurel grande

½ taza de harina

2 cucharadas de alcaparras

1 taza de aceitunas sin hueso
o aceitunas rellenas de pimientos

1 cucharadita de pimienta negra en grano

1 pizca de pimentón de la Vera

2 tazas de vinagre blanco

2 tazas de aceite de oliva virgen extra

Preparación:

Salpimentamos el pescado.

Calentamos a fuego medio 2 cucharadas de aceite vegetal en una sartén y agregamos los pimientos, la cebolla y el laurel. Sofreímos un par de minutos y reservamos en un cuenco.

Vertimos el resto del aceite vegetal en la sartén y lo calentamos. Mientras, cubrimos las ruedas de pescado con la harina. Freímos el pescado durante 3 minutos por cada lado en el aceite caliente y lo ponemos sobre papel de cocina para escurrir la grasa. Luego lo colocamos en una fuente de barro o de vidrio, preferiblemente una que tenga tapa.

Colocamos los ingredientes reservados sobre el pescado, así como el resto de los ingredientes. Las ruedas deben quedar cubiertas.

Tapamos el recipiente y dejamos reposar el pescado una semana en un sitio donde no le dé el sol.

tostones rellenos

Mientras viví en Cuba nunca los probé y, de hecho, no sé si los había, o si los habrá ahora. Los comí por primera vez en Miami. A pesar de su sabor casero, los tostones rellenos suelen comerse más en restaurantes, fiestas y locales de comida callejera. En casa, son ideales para lucirse con los invitados sirviéndolos como entrante o fingerfood. Quien pruebe uno de estos tostones bien crujientes, rellenos de cangrejo, picadillo, aporreado de pescado o ropa vieja, y sazonados al estilo cubano, al instante repetirá. Se los aseguro.

10 unidades

Ingredientes:

Platanos verdes

Podemos rellenarlos con muchas de las recetas de este libro:

Picadillo a la habanera (pág. 170)

Enchilado de camarones (pág. 148)

Aporreado de pescado (pág. 152)

Ropa vieja (pág. 180)

O como aparece en la foto con enchilado de cangrejo que se prepara para comer con la harina de maíz de la pág. 92

Preparación:

Con 2 tazas de enchilado de cangrejo podemos rellenar unos 10-12 tostones aproximadamente.

Si los plátanos son grandes, de cada uno podemos hacer 5 "copitas" (tostones para rellenar). Necesitaríamos 1 cucharada colmada de enchilado para rellenar cada tostón.

Los tostones se hacen igual que los de la pág. 128, pero:

1. Al cortarlos para freírlos por vez primera, se pican un poco más gruesos.

2. Al aplastarlos, antes de freírlos por segunda vez, usamos un molde hecho para esta tarea, una exprimidora de mano para naranjas o limones, o el fondo de un cuenco pequeño para darle la forma de copa, de modo tal que nos permita rellenarlos.

pargo frito

Muchos piensan que freír pescado no tiene ciencia, pero tengo una amiga que no sabía ni freír huevos y siempre me recuerda que antes de que se pusiera a leer mi blog se le quemaba hasta el agua. Por ella he incluido esta receta que tanto nos gusta a los cubanos, lo mismo para comer con arroz blanco y ensalada que para disfrutar con unas cervecitas bien frías.

Hay quien no pasa el pescado por harina y le queda la piel tostadita y muy rica. Me encanta de las dos formas.

1 ración

Ingredientes:

1 pargo pequeño limpio
Sal
¼ de taza de harina
Abundante aceite vegetal para freír
Unas rodajas de limón

Preparación:

Secamos el pescado con papel de cocina y le hacemos dos o tres cortes en diagonal a lo ancho, por ambos lados, sin llegar a los bordes. Estas hendiduras ayudarán a que se cocine mejor por dentro en el momento de freírlo.

Le ponemos sal al gusto. Calentamos el aceite y mientras tanto, pasamos el pescado por la harina, haciendo un poco de presión primero y luego sacudiendo con cuidado para eliminar el exceso.

Freímos el pescado unos 3 minutos por cada lado, hasta que se dore. Cuando lo retiremos, lo ponemos sobre papel de cocina para eliminar un poco la grasa.

Servimos con unas rodajas de limón, cuyo zumo rociaremos abundantemente sobre el pescado.

Carnes
y aves

lechón asado

El lechón, puerco o cerdo asado es una de las comidas por excelencia del menú cubano. La que reina en Nochebuena, Nochevieja y cumpleaños. En Miami hasta lo preparamos para celebrar el Día de Acción de Gracias, pues a muchos de mis compatriotas no los acaba de convencer el menú tradicional de ese día.

La paleta es la porción que cocinamos para pocos invitados. Si es una fiesta mediana se hace un pernil; y si va a mayores, pues se asa el cerdo entero, abierto y boca abajo, conservando la piel, que da la mejor parte de todo: el pellejito tostado.

En el campo, cuando se hace entero, lo cocinan en un hueco que se cava en la tierra, cubierto de palos y hojas de guayaba. En Miami en una caja de madera llamada caja china, que se puede comprar, cada vez más, en cualquier tipo de supermercado, sobre todo en la época navideña.

10 raciones

Ingredientes:

1 paleta de cerdo de 2.5 kg (5 lb)
1 cucharada de orégano seco
1 cucharada de laurel en polvo
1 cucharadita de comino molido
1 cucharadita de sal
1 cabeza de ajo
2 ½ tazas de jugo de naranja agria

Preparación:

Comenzamos 1 día antes de cocinar el cerdo, adobando la carne.

Hacemos hendiduras en la paleta, con ayuda de un cuchillo, en varias partes de la carne, exceptuando la piel (de tenerla).

Para el adobo, machacamos el ajo con la sal. Lo mezclamos con las especias secas y untamos la carne con esta mezcla; introduciendo un poco de ella en las hendiduras que hemos abierto a la pieza. La colocamos en un recipiente que podamos tapar, le echamos por encima el jugo de naranja agria, lo tapamos y lo metemos al frigorífico.

El día que se va a comer, comenzamos a cocinar al menos 6 horas antes.

Precalentamos el horno a 120°C (250°F) y ponemos el cerdo y el adobo en una bandeja para horno, con la piel hacia arriba y tapada con papel de aluminio. Cocinamos durante 2 horas. Retiramos el aluminio y cocinamos otras 4 horas. En este punto, la carne estará tan blandita que se separará fácilmente del hueso.

Si queremos que el pellejo quede bien tostado, el truco es rociarlo con un poquito de agua con sal cuando esté listo y volverlo a meter al horno unos minutos.

Para servirlo podemos cortarlo en lascas, en pedazos o ripiarlo (deshacerlo) bien. Es opcional ponerle por encima un poco de la salsa que ha quedado en la bandeja. Las guarniciones clásicas son moros y cristianos (pag. 102) y yuca con mojo (pag. 140).

picadillo a la habanera estilo Linda

Carlos Alberto Montaner es periodista, escritor, conferencista y político cubano. Vive entre Madrid y Miami.

En Cuba llamamos picadillo a la carne picada. Este es el plato preferido de Carlos Alberto Montaner, a quien respeto y admiro muchísimo. La receta es de su esposa, Linda, y según ella lo mejor es hacerla en la mañana y comerla en la cena o al día siguiente. Yo añadiría que es ideal para rellenar empanadillas o patatas y que no le pueden faltar unos plátanos maduros fritos al servirlo con arroz blanco acabadito de hacer.

6 raciones

Ingredientes:

1 cebolla blanca grande

1 pimiento verde

½ pimiento rojo

4 dientes de ajo

¼ taza aceite vegetal o de oliva

⅛ cucharadita de pimienta negra

½ cucharadita de orégano seco

¼ cucharadita de comino molido

½ kg (1¼ lb) de carne de res molida

230 g (8 oz) de salsa de tomate

Sal

Un puñado de pasas pequeñas

Un puñado de aceitunas sin semilla

1 hoja de laurel

Un chorro de vino seco o vino blanco

Preparación:

Picamos bien la cebolla y los pimientos. Machacamos los ajos. Cortamos las aceitunas en rueditas (opcional).

Calentamos el aceite a fuego medio en una sartén grande y sofreímos la cebolla hasta que comience a ponerse tierna, agregamos los pimientos y cocinamos 3 minutos más. Añadimos el ajo y revolvemos, incorporando la pimienta, el orégano y el comino.

Subimos el fuego al máximo y agregamos la carne, revolviéndola con una espátula de madera hasta que pierda el color rojo. En este punto añadimos la salsa de tomate, las pasas, las aceitunas y la hoja de laurel. Rectificamos el punto de sal, pimienta, orégano y comino. Vertemos el chorro de vino y revolvemos. Bajamos el calor al mínimo, tapamos la sartén y cocinamos durante 15 minutos.

fricasé de pollo

En Cuba usamos la palabra francesa fricassee en su versión castellana, fricasé, para el guiso de carne de ternera, cerdo o pollo, con papas y verduras como la zanahoria. Nada de salsa blanca o huevos, sazón criolla 100% en este plato que resume el concepto de comfort food de la isla en cada bocado.

Yo suelo prepararlo también en la olla a presión para ahorrar tiempo usando este mismo método, pero al incorporar el pollo nuevamente a la olla y taparla, dejo que pite durante 10 minutos para ablandarlo y luego otros 5 minutos cuando añado las patatas.

3 raciones

Ingredientes:

6 encuentros de pollo (contramuslos) sin piel

Sal

Pimienta

3 cucharadas de aceite de oliva o aceite vegetal

1 pimiento verde

1 cebolla amarilla

4 o 5 dientes de ajo

1 tomate

230 g (8 oz) de salsa de tomate

2 tazas de vino seco o vino blanco para cocinar

1 cucharita de comino en polvo

1 hoja de laurel

½ cucharita de cilantro seco

½ cucharita de orégano seco

¼ cucharita de azúcar

200 g de aceitunas rellenas de pimiento rojo con su jugo

4 papas (patatas) medianas

2 cucharadas de perejil fresco picadito

Preparación:

Salpimentamos el pollo. Cortamos bien el pimiento y la cebolla. Machacamos el ajo. Ponemos a calentar el aceite en una cazuela mediana y doramos el pollo, cocinándolo 5 minutos por cada lado. Lo retiramos y reservamos.

Hacemos el sofrito, rehogando el ajo, el pimiento y la cebolla en la cazuela durante 5 minutos a fuego medio. Mientras tanto, picamos bien el tomate y lo añadimos. Seguimos cocinando unos 2 ó 3 minutos.

Incorporamos la salsa de tomate, el vino seco, las especias secas, el azúcar y las aceitunas con su jugo. Devolvemos el pollo a la cazuela y la tapamos. Cocinamos durante 15 minutos.

Mientras, cortamos las papas (patatas) en dados de 4 centímetros (1 ½ pulgadas) y las echamos en la cazuela. Rectificamos la sal y cocinamos otros 15 ó 20 minutos hasta que la salsa espese al gusto.

Colocamos todo en una fuente y espolvoreamos con el perejil fresco picadito. Acompañamos con arroz blanco, plátanos maduros fritos y/o aguacates.

hígado a la italiana

Este plato «a la italiana» no falta en las mesas cubanas. Cuando veía a mi madrina preparar el aderezo con harina me parecía raro, pero luego he visto en recetas asiáticas cómo le ponen harina o maicena a las carnes y le da un brillo y una textura especiales.

Los tres secretos para que esta receta sea un éxito son:

1. *Lavar bien el hígado.*

2. *Cocinar sólo 10 minutos porque de lo contrario, se pone duro.*

3. *Usar un vinagre balsámico de calidad.*

En Cuba, por supuesto, lo hacía con el vinagre que encontrara, pero desde que lo preparé por primera vez con vinagre balsámico, no he vuelto a usar otro y es el sello que hace diferente mi receta.

4 raciones

Ingredientes:

½ kg (1 lb) de filetes finos
de hígado de res (ternera)

½ cebolla blanca grande

½ pimiento verde

½ pimiento amarillo

½ pimiento rojo

¼ de taza de vinagre balsámico

½ taza de vino seco
o vino blanco para cocinar

1 cucharada de harina

1 cucharadita de sal de ajo

¼ cucharadita de pimienta

2 hojas de laurel

3 cucharadas de aceite de oliva virgen extra

Preparación:

Cortamos el hígado en tiras de de 2 a 3 centímetros (aproximadamente 1 pulgada) de largo y lo lavamos bien antes de ponerlo en un cuenco grande de cristal o cerámica.

Picamos la cebolla y los pimientos en cuadritos de 2 centímetros y los colocamos sobre el hígado junto a las hojas de laurel. Mezclamos y batimos el vinagre, el vino, la harina, la sal de ajo y la pimienta. Lo vertemos en el cuenco. Tapamos y lo dejamos reposar en el frigorífico 1 hora.

Calentamos el aceite a fuego medio en una sartén grande o un wok. Agregamos todo el contenido del cuenco y cocinamos durante 10 minutos.

quimbombó
con chuletas ahumadas

El quimbombó es bastante popular en la comida cubana y caribeña, sobre todo en guisos, ya sea con o sin carnes. Además, se lo puede encontrar en las cocinas de Japón, África, Medio Oriente y la India; así como en algunas zonas de Brasil y el sur de Estados Unidos.

Algunos prefieren «cortarle la baba»; otros, lo consideran un pecado. De cualquier modo, nunca se le va del todo. Si se le quiere quitar un poco, debemos comenzar a hacer la receta 1 hora antes.

Para una versión vegetariana de este plato podemos eliminar las chuletas. También se pueden sustituir por carne, embutidos o pescado; ya sea para cocinar la receta desde cero o para usar las sobras.

4 raciones

Ingredientes:

½ kg (1 lb) de quimbombó

2 cucharadas de vinagre o de zumo de limón

430 g (15 oz) de maíz en conserva

1 cucharadita de aceite

2 chuletas de cerdo ahumadas

1 ½ taza de salsa criolla (pág- 30)

1 taza de agua

1 cucharadita de orégano seco

Preparación:

Si queremos «cortar la baba» del quimbombó, comenzamos 1 hora antes de la media hora que nos lleva preparar esta receta. Lavamos bien el quimbombó y lo cortamos en rueditas. Lo colocamos en un cuenco grande con agua abundante y el vinagre o el limón. Pasado ese tiempo, lo escurrimos bien usando un colador.

Escurrimos, enjuagamos y volvemos a escurrir el maíz.

Cortamos las chuletas en cubitos de 2 centímetros (1 pulgada) aproximadamente.

Ponemos a calentar un sartén grande o una cazuela mediana a fuego medio. Añadimos el aceite y las chuletas. Las doramos, cocinándolas unos 2 ó 3 minutos y removiendo a cada rato. Agregamos el resto de los ingredientes. Tapamos la cazuela y cocinamos durante 20 minutos, o hasta que la salsa tenga el espesor deseado. Removemos a cada rato y rectificamos la sal.

Acompañamos con arroz blanco, aguacate y/o plátanos maduros fritos.

tasajo con boniato

El tasajo en Cuba suele prepararse de carne de caballo y, en los tiempos de la colonia, era uno de los alimentos fundamentales de los esclavos, junto con el bacalao, entre otras razones, porque ambos se conservan muy bien en salazón. Los dos combinan a la perfección con el dulzor del boniato.

Esta receta tiene su origen en los barracones de esclavos y hasta hace unos años se podía comer en el restaurante Versailles, en Miami. Es un plato laborioso, pero tan rico, que vale la pena pasar lo que sea para disfrutarlo. Aquí va mi versión.

6 raciones

Ingredientes:

Para el tasajo:

500 gr (1 lb) de tasajo

3 cucharadas de aceite de oliva virgen extra

½ cebolla grande

3 dientes de ajo

1 taza de tomate picado en conserva

Para el boniato relleno:

4 boniatos medianos

¼ de taza de harina

2 huevos batidos

½ taza de pan rallado

abundante aceite para freír

Preparación:

Retiramos la capa amarilla que cubre el tasajo. Para hacerlo, lo colocamos en el congelador entre 15-20 minutos y luego hacemos fuerza tratando de doblarlo. La capa de cera se cuarteará y será fácil retirarla.

Cortamos el tasajo en pedazos de 6 centímetros aproximadamente y lo ponemos en remojo unas 4 horas o la noche anterior. Lo escurrimos y lo cocinamos a fuego medio con agua que lo cubra en dos tandas de media hora, retiramos el líquido cada vez. Agregamos abundante agua una vez más y lo hervimos otras 2 horas. El caldo que queda lo podemos usar para otras recetas. Dejamos enfriar la carne fuera del agua y desenhebramos bien, eliminando la grasa.

Cortamos la cebolla en juliana y la pochamos en el aceite de oliva durante 5 minutos a fuego medio-bajo. Añadimos el ajo y el tomate y cocinamos otros 2 minutos. Incorporamos el tasajo, tapamos la sartén y seguimos cocinando otros 15 minutos a fuego medio-bajo.

Cortamos los boniatos en 4 y los hervimos durante 30-35 minutos, hasta que estén tiernos. Los majamos y hacemos con ellos 6 bolas de 6 centímetros (2½ pulgadas) de diámetro, a las que le haremos un hueco en medio para colocar una cucharada de tasajo, como si hiciéramos una papa rellena, pero le daremos forma de disco volador.

Debe sobrar tasajo. Lo reservamos.

Pasamos los boniatos rellenos por harina, huevo batido y pan rallado. Los freímos con aceite vegetal caliente que los cubra, hasta que se doren, unos 4 minutos.

Servimos con arroz congrí, plátanos maduros fritos y el tasajo reservado.

ropa vieja o carne ripiada
a la manera de mi abuela Petronila

Gilda Santana es teatrista y guionista cubana.
Actualmente vive entre Madrid y la Ciudad de México.

Seguramente en Cuba (y en toda América Latina) hay tantas recetas de ropa vieja (o carne ripiada, desmechada o mechada, como también se le llama), como abuelas. Yo voy a contar la receta de la mía, que incluía, aparte de los ingredientes tradicionales, un adobo a base de ajo y jugo de limón o, para hablar con propiedad, de lima (Citrus Aurantifolia), ese fruto verde al que los latinoamericanos llamamos limón.

Pero volvamos a la ropa vieja. Para hacer este plato se necesita la carne de uno de esos músculos flácidos que cubren la panza del vacuno. Da igual si se llama «falda», «sobre barriga», «tapa barriga», «aleta», o «tapa pecho». He cocinado este plato en seis países y en cada uno he tenido que arreglármelas para explicarle al carnicero lo que quería, así que si no sabemos el nombre local, se pide carne de la que cubre la panza del animal y listo.

Y ahora sí, la receta como la hacía mi abuela. Si la gloria tiene sabor, que no lo sé, sabrá seguramente a ropa vieja.

6 raciones

Ingredientes:

1 kg (2.2 libras) de carne de falda cortada en dos o tres trozos

1 o 2 hojitas de laurel

8 dientes de ajo machacados (separar en dos partes)

2 limones

4 cucharadas de aceite de oliva

2 cebollas medianas bien picadas

1 pimiento verde cortado en tiras

1 pimiento rojo cortado en tiras

2 tazas de salsa de tomate

1 taza de vino de cocinar

1 cucharadita de comino molido

1 cucharadita de orégano seco

1 cucharadita de pimentón dulce en polvo

Sal

Preparación:

Cocemos la carne en la olla de presión con el laurel y abundante agua durante media hora (o hasta que se deshilache con facilidad al pincharla). La sacamos de la olla (no tirar el caldo), la colocamos sobre una tabla, la aplastamos un poco con un mazo y con dos tenedores, o con los dedos, hacemos hebras muy finas con ella.

Y aquí viene la parte de esta receta que sólo he visto hacer a mi abuela: a esa carne deshilachada le ponemos sal, cuatro dientes de ajo machacados y el zumo de dos limones, la tapamos y la metemos en la nevera. Aunque este paso puede obviarse, hay una gran diferencia en el resultado cuando la carne permanece unas horas adobada con el ajo y el limón.

Luego preparamos un sofrito con el aceite, los dientes de ajo restantes, los pimientos y la cebolla. Agregamos la salsa de tomate, la carne, el resto de ingredientes y un par de cucharones del caldo y la dejamos a fuego bajo unos 15 minutos o hasta que la salsa espese.

Se come generalmente con arroz y plátanos maduros fritos, aunque marida bien con arepas venezolanas o colombianas, con boniato, con yuca, con polenta (harina de maíz) y hasta con pan.

pollo a la barbacoa

Por mucho que he preguntado, nadie me ha sabido decir a ciencia cierta por qué la palabra barbacoa está asociada a esta receta que mi mamá prepara desde que tengo uso de razón. Algunos afirman que la original fue creada en el famoso restaurante Polinesio, en los bajos del Hotel Habana Libre (antiguo Habana Hilton), y que se puso de moda hacia la década de 1980. De esta forma de preparar el pollo hay muchas variantes. Una de mis tías le añade azúcar y le queda muy rico; yo a veces utilizo comino molido y me encanta el toque que le da. La receta que sigue es tal como la prepara mi mamá. Yo siempre sugiero servirla con boniato hervido o con arroz blanco y plátanos maduros fritos.

3 raciones

Ingredientes:

6 encuentros de pollo (contramuslos)
sin piel

Sal de ajo

8 cucharadas (½ taza)
de mantequilla sin sal

⅓ de taza de salsa soya
o salsa de soja baja en sal

Preparación:

Adobamos el pollo con sal de ajo al gusto.

Derretimos la mantequilla a fuego lento en una sartén. Cuando esté caliente, subimos el fuego a media intensidad, agregamos el pollo y lo sellamos, cocinándolo 5 minutos por cada lado hasta que se dore.

Añadimos la salsa china y tapamos. Cocinamos durante 30 minutos, 15 minutos por cada lado o hasta que esté blandito el pollo y la salsa se espese. En el último momento, cocinamos un par de minutos más por el lado inicial, para que las piezas queden bien doraditas y de un color uniforme por ambos lados.

pollo acaramelado
recuerdos de Estambul

Orlando Jiménez-Leal. Director de cine cubano. Reside en New York.

El ambiente me resultaba extrañamente familiar y exótico. De repente, voilà!, supe dónde estaba situado todo. Y en particular el bar, muy cerca del mar, con su estantería llena de botellas espirituosas. Aquí, en Estambul, era el mar de Mármara, allá, en San Juan, una laguna. El Estambul Hilton fue diseñado siguiendo los planos originales del Hilton de Puerto Rico, lugar que conocía muy bien.

Frente de mí, dos señoras conversaban en un idioma que, sin yo hablarlo, lo entendía. Aunque se mostraron desconfiadas con mis preguntas, eran curiosas, risueñas y parlanchinas. Hablamos de todo: de Cuba, de los judíos en Cuba, de Fidel Castro, del cha cha cha, de Torquemada, de Isabel la Católica y de «la deplorable rumba El manisero».

A la semana de estar allí ya chapurreaba el ladino perfectamente. Nos hicimos amigos y una tarde, antes de marcharnos, nos invitaron a mi mujer y a mí a un espléndido almuerzo en su casa, en las afueras de Estambul. El patriarca de la familia parecía una caricatura. Se llamaba Vitorio Valentino. No tenía casi cuello, peinaba un grueso bigote engominado, usaba unos vistosos zapatos de dos tonos y repetía como un mantra «mia máma es de Barcelona» cada vez que alguien le daba la mano.

De ese delicioso almuerzo anoté esta curiosa receta que hoy comparto con ustedes.

Ingredientes:

1 pollo capón grande (puede ser deshuesado y sin piel)

3 dientes de ajo

2 cucharaditas de sal de mar

1 cucharadita de pimienta molida

½ cucharadita de comino

1 cucharadita de salsa de soja

1 naranja agria

1 cáscara de la naranja dulce cortada en puntitas

15 lonchas de bacón

3 tazas grandes de azúcar moreno

1 cucharada de Cointreau

Preparación:

Para el relleno usamos moros y cristianos (pág. 102) o el del clásico pavo de Navidad, una mezcla de sabores, salado y dulce; dátiles, nueces, miel, pedacitos de torreznos y pan, cocinado lentamente rociado con moscatel. O el relleno de su predilección.

Para el pollo machacamos los ajos con sal, pimienta y comino. Agregamos el jugo de la naranja agria y la salsa de soja. Untamos el pollo por dentro y por fuera con este mojo. Lo dejamos un par de horas en este adobo.

Tomamos el pollo deshuesado y le ponemos el relleno que hayamos escogido. Lo cerramos y envolvemos con las lonchas de bacón, primero los muslos y después el resto. Ponemos encima papel de aluminio y lo asamos a 180ºC (350ºF) alrededor de 3 horas y media.

Subimos la temperatura del horno a 250ºC (480ºF). Cocinamos unos 15 minutos hasta que el bacon se tueste. Apagamos el horno y lo dejamos dentro otros 15 minutos.

En una sartén derretimos el azúcar hasta que esté a punto de caramelo, unos 30-35 minutos, y le agregamos la cascara de naranja. Vertemos inmediatamente el caramelo sobre el pollo hasta cubrirlo. Dejamos enfriar hasta que el caramelo se endurezca. Luego lo rociamos con una cucharadita de Cointreau.

rabo encendío
receta de la abuela Emilia

Abilio Estévez escritor cubano, dramaturgo y conferencista, nacionalizado español. Reside en Barcelona, España.

Durante mi niñez, en mi familia se comía mucha carne, de puerco y de res. Los puercos se criaban en el pueblo de Bauta, en unas cochiqueras que se alzaban al final del pueblo, en potreros, junto a la laguna. La carne de res, la traía mi tío que desde muy joven era dueño de una carnicería. De modo que siempre había gran variedad de platos elaborados con carne en las fiestas familiares, que nosotros llamábamos «comelatas». En aquellos años, en mi familia siempre había algo que celebrar. Luego, poco a poco, y a medida que transcurría la segunda mitad del siglo XX, nuestra vida se fue ensombreciendo.

Recuerdo cómo le gustaba a mi abuela preparar el rabo encendío. Encendío, así mismo, no «encendido», porque la palabra mal dicha le agregaba autenticidad al plato. Así lo escuché decir siempre y así prefiero decirlo ahora. Un plato que casi no requería ningún otro acompañamiento que el de cervezas, muchas cervezas heladas. Además, tenía la rareza de que era de los pocos alimentos con picante que comíamos entonces. Había dos o tres más, como los camarones o los cangrejos, a los que se les ponía una especie de chile diminuto que crecía en todos los jardines de La Minina, y que llamábamos «ají de la puta de su madre». Indispensables las cervezas enfriadas con trozos de hielo en grandes recipientes de metal. Ideal para pasar el día en Playa Habana (Baracoa), al norte de Bauta.

8 raciones

Ingredientes:

2 rabos de res limpios

½ taza de aceite de oliva

2 cebollas grandes bien picadas

1 cabeza de ajo machacada

2 pimientos verdes cortados en tiras

½ taza de perejil bien picado

1 taza de salsa de tomate

¾ botella de vino seco o vino blanco

3 cucharadas de pasas

5 cucharadas de aceitunas sin hueso

1 cucharada de comino

1 cucharada de orégano

Abundante guindilla o salsa picante

Preparación:

Limpiamos los rabos, los secamos con papel de cocina y los cortamos por las coyunturas en trozos de 5 a 8 centímetros (2 a 3 pulgadas). Calentamos el aceite en una cazuela y sellamos los trozos de rabo. Los retiramos y en el mismo aceite incorporamos la cebolla, el ajo, los pimientos y el perejil. Sofreímos 5 minutos y agregamos poco a poco la salsa de tomate. Así conseguiremos un buen sofrito. Devolvemos a la cazuela los trozos de rabo, removemos bien y añadimos los demás ingredientes, con cuidado de que sea el vino el que vaya en último lugar.

Si usamos olla de presión, lo tendremos una hora al fuego. Si se usa una olla destapada y se hace con carbón, serán al menos tres horas de fuego. Si la salsa se espesa demasiado, es posible agregar más vino.

Bebidas

cubalibre

El cubalibre siempre me recuerda a Madrid. Una de las primeras veces que visité esa ciudad me fui de tapas con unos amigos a un bar cerca del arco de Cuchilleros. Cuando el camarero trajo las bebidas, tenía en la bandeja un vaso con hielo, refresco de cola y la botella de ron; y comenzó a echar ron en el vaso hasta que alguien dijo «no le pongas más». Luego me contaron que en España, al cubalibre, cada cual le pone ron al gusto. Me encantó la idea y también el cubalibre que me prepararon en ese sitio, en el que terminé cantando «La Guantanamera» con un trío que amenizaba la noche.

Del cubalibre se dice que fue servido por primera vez en La Habana hacia 1900. Otras historias refieren, a John Smyth Pemberton, un farmacéutico de Atlanta que mezcló Coca-Cola, ron, limón y azúcar para celebrar la independencia de Cuba durante la Guerra Hispano-cubana-norteamericana, así como a un barman que servía Coca-Cola a las tropas norteamericanas en La Habana, a la que eventualmente añadía un toque de ron.

1 vaso

Ingredientes:

1 vaso con refresco de cola

Ron al gusto

5-6 cubitos de hielo

1 rodaja de limón

Preparación:

Echamos el hielo en el vaso y adicionamos refresco de cola dejando, al menos, dos dedos sin líquido hasta el borde del vaso.

Añadimos ron al gusto y la rodaja de limón. Mezclamos los ingredientes con un removedor o un absorbente.

canchánchara

Conocí este trago en Trinidad, una de las primeras villas cubanas, que todavía conserva su encanto de ciudad colonial, con sus calles empedradas y sus palacetes hoy convertidos en museos, escuelas, oficinas y restaurantes.

Me fui allá de vacaciones con una amiga y al día siguiente nos sacaron del hotel para alojar en nuestras habitaciones a un recién llegado grupo de turistas alemanes. Mientras esperábamos el bus de regreso a casa, entramos en La Canchánchara y probamos este trago que casi todos creen se originó en esa taberna y que, en realidad, fue invento de los mambises (combatientes cubanos que luchaban por la independencia de Cuba en la segunda mitad del siglo XIX), quienes, seguro, lo tomaban sin hielo. Unos dicen que el original es con aguardiente, y otros, que con ron. A mí me encanta de las dos formas. En el campo se servía en jícaras y en La Canchánchara, en estas vasijas que mi amigo Rainy Silvestre ha tenido la gentileza de fotografiar para este libro.

1 vasija

Ingredientes:

50 ml (1.5 oz) de aguardiente o ron blanco
1 cucharada de miel de abejas
1 cucharadita de zumo de limón
5 o 6 cubitos de hielo

Preparación:

Batimos bien la miel y el limón. Agregamos el ron o el aguardiente y volvemos a batir. Añadimos hielo y removemos con ganas.

Queda de un color ámbar muy lindo debido a la miel.

mojito

Aunque el origen del mojito no es preciso, se aventura que procede de una mezcla de agua, azúcar y aguardiente que se bebía en los ingenios azucareros de Cuba, así como también de una bebida que se consumía en el siglo XVI a la que se nombraba «El Draque» por el pirata Sir Francis Drake. Probablemente, su componente principal fuera la tafia, una destilación previa a la aparición del ron. Al parecer, el nombre proviene del término mojo, salsa o aderezo típico para saborizar comidas que, al igual que el mojito, lleva zumo de limón.

Tal como lo conocemos, el mojito, parece haberse configurado con la añadidura de la yerbabuena y se hizo famoso en el bar del restaurante habanero La Bodeguita del Medio. Muchos recordarán la sentencia de Hemingway: «Mi mojito en La Bodeguita. Mi daiquirí en El Floridita».

1 vaso

Ingredientes:

1 cucharada de azúcar

1 rama de yerbabuena

30 ml (1 oz) de ron blanco

Zumo de medio limón

6-7 cubos de hielo

Agua con gas

Preparación:

Con ayuda de un palo de mortero, machacamos la yerbabuena con el azúcar, dejando unas hojitas para adornar el vaso. Añadimos el jugo de limón y removemos. Agregamos el ron y el hielo. Terminamos de llenar el vaso con agua con gas y revolvemos.

daiquirí

Comúnmente atribuido a Jennings Cox, un ingeniero en minas norteamericano que, a comienzos del siglo XX, trabajaba en la zona minera de Daiquirí, en las cercanías de Santiago de Cuba. El trago, una mezcla de ron, limón, azúcar y hielo, fue nombrado como el lugar por el minero italiano Giacomo Pagliuchi, colega de Cox. Otra versión atribuye el daiquirí a Shafter, general al mando de las tropas norteamericanas que desembarcaron por el lugar en 1898. A la canchánchara (pag. 194), bebida de ron, limón y miel, tradicional entre los mambises, Shafter le añadió hielo y sustituyó la miel por el azúcar.

Luego el daiquirí se haría famoso en el bar El Floridita, en la particular receta del bartender catalán Constantino Ribalaigua Vert. Ribalaigua añadió gotas de marrasquino, jugo de toronja y presionó la mezcla con hielo frappé, para evitar que la bebida se licuara. Existen muchas variantes del daiquirí, de la cual la más famosa es el llamado Papa Hemingway o Papa Doble, la degustada por Hemingway y que, básicamente, consiste en la receta de Constantino, sin azúcar y con el doble de ron.

La mía es una mezcla entre la de Constantino y la que preparaba Maragato, otro bartender español que servía el daiquirí natural de Cox, en el desaparecido Café Tacón, del teatro del mismo nombre donde luego se levantaría el Centro Gallego, hoy el Gran Teatro de La Habana.

2 copas

Ingredientes:

Zumo de 2 limones

2-3 cucharadas de azúcar

75 ml (2.25 oz) de ron blanco

2 tazas de hielo picado

1 rodaja de limón para adornar

Preparación:

Mezclamos el zumo con el azúcar en la batidora. Agregamos el ron y el hielo y batimos con una velocidad que triture el hielo. Servimos con un absorbente y adornamos con la rodaja de limón.

carajillo

El «carajillo» es una bebida típica de España que combina café con brandy, orujo, o ron y suele servirse en vaso pequeño. Ustedes se preguntarán qué hace una bebida española en este libro de cocina cubana, pero es que todo parece indicar que su origen se remonta a Cuba, en la época de la colonia.

Mi abuelo paterno, amante del carajillo y descendiente de españoles, nos contaba que los soldados españoles tomaban café con ron para cargarse de coraje, «corajillo», y de ahí vino el famoso nombre.

En Cuba se acostumbra a tomar el café fuerte, dulce y en sorbos. Resulta muy parecido al expreso italiano. Y, muy importante, se saborea después de un vaso de agua bien fría.

Desde principios del siglo pasado, existía una ley en la isla, según la cual todas las cafeterías tenían que ofrecer agua fría gratis. Quizá de ahí viene la costumbre, que hemos traído a Miami, de parar a tomar café cualquier hora en las ventanitas, mi lugar preferido en los restaurantes cubanos. Se llaman así porque son precisamente eso, una ventana, situada casi siempre en la esquina de los restaurantes, en la que consumes desde afuera y de pie. Constituyen un punto de encuentro en el que te pones al día con el acontecer diario; y, sin entrar al local, puedes comprar café y servirte tu vaso de agua gratis. Allí, además venden batidos, croquetas, sándwiches, pastelitos, tabaco y cigarrillos. Me han contado que en Cuba estas ventanitas existían antes de 1959. Tal vez ahora hayan regresado o quizá pronto estarán de vuelta. ¿Quién sabe?

1 taza

Ingredientes:

1 café cubano o 1 expreso doble

1 cucharadita de azúcar

30 ml (1 oz) de ron añejo

Preparación:

Servimos bien caliente el café, agregamos el azúcar y mezclamos para disolverla. Rellenamos el vaso o la taza con ron el ron añejo y revolvemos.

cubanito

El cubanito es una versión tropical del Bloody Mary, un trago de origen dudoso que algunos dicen nació en Chicago y otros que en París entre los años 20 y los 30. La diferencia principal entre ambos cócteles es que el cubano lleva ron en lugar de vodka. Quién sabe si nuestra versión surgió en la isla durante la Ley Seca en Estados Unidos, época de oro de la coctelería cubana, puesto que muchos empresarios de hoteles, bares, cabarets y restaurantes norteamericanos llegaron al Caribe, especialmente a Cuba, en busca de mejor suerte para su negocio. Yo aprendí a hacerlo con mi primo Abdel, que trabajaba de bartender en Cuba y adora el jugo de tomate.

1 vaso

Ingredientes:

4 o 5 cubos de hielo

1 cucharadita de zumo de limón

1 pizca de sal

3 gotas de salsa inglesa

2 gotas de salsa picante (opcional)

40 ml (poco más de 1 oz) de ron blanco

80 ml (casi 3 oz) de jugo de tomate

Medio palito de apio para adornar

Preparación:

Servimos los ingredientes en el orden de la lista en un vaso de *highball* de 250 a 300 mililitros (8 a 10 onzas), dejando el palito de apio para revolver al final y adornar el trago.

crema de vié

En casi toda América tenemos un ponche parecido para celebrar la Navidad, pero, curiosamente, en cada país recibe un nombre diferente: en Puerto Rico, coquito; en México, rompope; en Estados Unidos, eggnog; en Chile, cola de mono, y en Venezuela, ponche crema.

En Cuba, no sé por qué, se le dice crema de vié, que es algo así como «crema de la vida» en franceñol. Crecí viendo como en casa la preparaban para las fiestas y la servían en minúsculos vasitos de papel, del tamaño de los que usamos para repartir una colada de café en las cafeterías de Miami. Algunos lo tomaban con hielo en un vaso ancho o en una copa y le ponían un poco más de ron o canela en polvo.

1 botella de 750 ml

Ingredientes:

1 taza de agua

1 taza de azúcar

2 palitos de canela

2 huevos

½ cucharadita de sal

1 ½ tazas de leche condensada

¾ de taza de ron blanco

1 línea de coñac

1 cucharadita de extracto de vainilla

Preparación:

Mezclamos el agua con el azúcar y agregamos la canela. Hervimos a fuego medio-bajo durante 20 minutos aproximadamente, hasta lograr un almíbar grueso. Dejamos refrescar otros 20 minutos. Retiramos la canela.

Batimos los huevos con sal en una batidora durante 2 minutos. Sin apagarla, solo quitando la tapa central, añadimos el almíbar, la leche condensada, el ron, el coñac y la vainilla. Seguimos batiendo durante 2-3 minutos, hasta que alcance una textura cremosa. Con ayuda de un embudo pasamos la mezcla a una botella con tapa. La enfriamos bien y agitamos la botella antes de servir.

Lo ideal para saborearla mejor es beberla al día siguiente. Dura un par de semanas, siempre guardada en el frigorífico.

garapiña

Conozco dos formas de hacer la garapiña, bebida preparada a base de las cáscaras de la piña, a la que algunos también adicionan el corazón de esta fruta. Ustedes elegirán su preferida, dependiendo de si les gustan o no las bebidas fermentadas.

En el oriente de Cuba se conoce como chicha y en México como tepache.

8 o 10 vasos

Ingredientes:

Las cáscaras de 1 piña y su corazón

Agua

Azúcar

Hielo

Pedazos de piña para adornar (opcional)

Preparación:

Fermentada:

Colocamos las cáscaras de la piña bien lavadas y el corazón en una vasija de barro o de cristal. Vertemos agua sobre ellas hasta cubrirlas y tapamos con una tela bien fina, como la que se usa para hacer queso, de modo que permita la entrada de aire. La dejamos reposar un par de días para que fermente, pero sin que llegue a avinagrarse. La colamos en el momento de servir y endulzamos al gusto. Agregamos abundante hielo para enfriarla.

Hervida:

Lavamos bien las cáscaras de piña las echamos junto a su corazón en una cazuela grande. Agregamos agua que las cubra. Cocinamos a fuego medio durante 15 minutos. Retiramos del fuego y dejamos enfriar. Colamos y endulzamos a gusto. La servimos con hielo y si queremos, con unos trozos de piña.

En ambos casos se puede embotellar y enfriar en el frigorífico durante varios días. Endulzamos al gusto y agregamos un poquito de agua en el momento de servir.

batido de mamey

**Boris Larramendi fue miembro de Habana Blues y Habana Abierta.
Es el más rockero de los soneros cubanos y viceversa.**

Creo recordar que mi primer batido de mamey, gracias a nuestro invicto comandante Fidel Castro, lo vine a tomar siendo un adulto, como a los veintipico años, en una de esas etapas en las que autorizaron a que la gente vendiera comida por la calle. Yo, criado en la Habana Vieja y sin familia en el campo que me pudiera facilitar el choque con otras frutas que no fueran el omnipresente plátano, comí mi primer mango como a las 7 u 8 años. ¡Por suerte los mangos se recuperaron durante mi niñez! La guayaba solo la conocí en dulce y la primera en fruta la disfruté como a los 20 años también, en ocasión de una visita a Pinar del Río.

Gracias al experimento de sembrar café en el Cordón de la Habana, durante el cual arrancaron con buldóceres cientos (o miles) de los árboles frutales que abastecían a la Habana; y luego, con la Ofensiva Revolucionaria del año 1968, que acabó con todos los timbiriches particulares, vine a probar el batido de mamey, la champola de guanábana y todas esas maravillas pasadas por la batidora, un poco tarde y pocas veces mientras viví en Cuba. El mejor batido de mamey que he probado ha sido en Miami, en el Versailles y me dijeron que se hace así.

2 vasos

Ingredientes:

1 taza de pulpa de mamey congelada

1 taza de leche

2 cucharadas colmadas de leche condensada

1 pizca de sal

Preparación:

Batimos todos los ingredientes en una batidora. Rectificamos el dulzor.

La fruta congelada hace que el batido quede cremoso. Se puede hacer con fruta fresca, por supuesto. En este caso necesitamos un poco más de mamey y para que quede bien frío, añadimos unos cubitos de hielo y los trituramos en la batidora. También puede hacerse sin hielo, con antelación, y lo enfriamos un par de horas en el frigorífico.

batido de galletas María

Las galletas María comenzaron a producirse masivamente en la España de la postguerra y muchos creen que son de origen español. Sin embargo, fueron creadas en Londres mucho antes por la compañía inglesa Peek Frean en 1874 para conmemorar el matrimonio entre la Gran Duquesa María Aleksándrovna de Rusia (especie de Lady Di en su época, por su popularidad) y el segundo hijo de la Reina Victoria, el príncipe Alfredo I de Sajonia-Coburgo-Gotha, Duque de Edimburgo. En inglés estas galletas se llaman Marie Biscuit.

Mucho antes de que se pusieran de moda los batidos de galletas que ahora venden en muchos establecimientos, en casa se hacía con unas galleticas dulces, que por supuesto no eran María, y mucho menos Marie. Casi siempre recurríamos a este batido cuando no teníamos frutas, y alguien debe haberlo inventado teniendo en mente lo rico que sabe este tipo de galletas cuando se mojan en la leche.

2 vasos

Ingredientes:

12 galletas María

1 taza de leche

2 cucharaditas de azúcar

1 pizca de sal

1 taza de cubitos de hielo

1 cucharada de virutas de chocolate para adornar (opcional)

Preparación:

Echamos todos los ingredientes en una batidora menos el hielo. Batimos hasta que se deshagan bien las galletas.

Agregamos el hielo y volvemos a batir, esta vez con la velocidad que nos permite triturar el hielo.

Adornamos con las virutas de chocolate.

Podemos sustituir el azúcar por una cucharada abundante de leche condensada o cambiar la presentación, agregando crema batida encima y sobre ella espolvorear canela o las mismas virutas de chocolate.

Postres

arroz con leche

Arroz con leche se quiere casar
con una viudita de la capital.
Rin, ran.
Que sepa coser,
que sepa bordar,
que guarde la aguja en su canevá.
Rin, ran.

La nana anterior, que muchas madres cubanas cantan a sus hijos y que tantos aprendimos desde pequeños, es lo primero que me viene a la mente cuando pienso en este postre. Como la canción, la receta pasa de generación en generación y cada uno posee su modo de prepararla. En casa siempre se hacía con leche condensada a falta de leche fresca: en Cuba sólo tenían derecho a comprar leche fresca los niños hasta los siete años y los ancianos. Además, de este modo también podíamos ahorrar el azúcar, que estaba limitada a cinco libras al mes por persona.

6 raciones

Ingredientes:

1 taza de arroz blanco de grano largo

3 tazas de agua

1 trozo de piel de limón

1 palo de canela

400 g (14 oz) de leche condensada

3 latas de agua (usando la medida de la lata de leche condensada)

¼ de cucharadita de sal

1 cucharadita de extracto de vainilla

Canela en polvo para adornar

Preparación:

Lavamos el arroz tres o cuatro veces y lo escurrimos bien. Lo colocamos en una cazuela mediana con las 3 tazas de agua, el palo de canela y la cáscara de limón, y lo hervimos durante 15 minutos a fuego medio-alto para que se ablande.

Agregamos la leche condensada, las latas de agua, la sal y la vainilla y reducimos el fuego a bajo-medio. Lo dejamos cocinar durante una hora, removiendo de vez en cuando para que no se pegue.

Retiramos el palo de canela y la cáscara de limón. Servimos en copitas o cuencos individuales y adornamos con canela en polvo. Se puede comer frío o a temperatura ambiente.

boniatillo borracho

En la zona oriental de Cuba se suele emplear el ron en la elaboración de las comidas. Una amiga holguinera que conocí en Miami me sugirió hacer el boniatillo con ron añejo, que era como lo preparaba su abuela. Cuando lo probé, quedé encantada.

No puedo explicar por qué el sabor del plato me hizo verme sola en el comedor de una casa colonial inmensa, sentada en una mesa grande de madera, cubierta de manteles blancos, mirando hacia un patio interior lleno de plantas tropicales del que venía por momentos una brisa húmeda.

8-10 raciones

Ingredientes:

1 kg (2.2 lb) de boniato

2 tazas de azúcar moreno

1 taza de agua

2 cucharadas de jugo de naranja

1 trozo de cáscara de naranja

2 yemas de huevo

½ cucharadita de sal

2 cucharadas de ron añejo

Canela en polvo para adornar (opcional)

Preparación:

Hervimos el boniato en trozos de 4 centímetros (1 ½ pulgadas) durante 25-30 minutos, hasta que se ablande.

Mientras tanto, preparamos el almíbar con el agua, el azúcar, el jugo de naranja y la cáscara de naranja. Cuando hierva, lo ponemos a fuego medio-alto durante 5 minutos.

Una vez tierno el boniato, hacemos puré y mezclamos con el almíbar, las yemas de huevo y la sal. Se puede hacer a mano con pasapuré o majador, con una batidora potente o en el robot de cocina. Agregamos el ron y continuamos mezclando.

Servimos en porciones individuales y adornamos con canela o dejamos que cada cual la espolvoree al gusto.

dulce de coco oriental estilo Vero

Desde hace más de cien años, cada veinticuatro de diciembre, en mi pueblo, Remedios, se celebran unas fiestas conocidas como Parrandas, semejantes a las Fallas valencianas. La ciudad se divide en dos bandos para competir en carrozas, fuegos artificiales y en los tableros decorativos luminosos conocidos como «trabajos de plaza».

Recuerdo que en los días previos a las Parrandas se montaban quioscos con comidas que no se encontraban el resto del año; bien eran vendedores provenientes de otras regiones de la isla o bien comerciantes locales que las traían de otras provincias para luego revenderlas. De los productos a la venta, uno de mis preferidos eran unos cucuruchos de yagua traídos de Baracoa que dentro tenían dulce de coco.

Baracoa fue el primer asentamiento español en la isla y nuestra primera capital. Mi receta no intenta reproducir la original, sino que es una especie de homenaje a la Ciudad Primada y a su postre tradicional.

10 raciones

Ingredientes:

3 tazas de coco rallado

2 tazas de agua

1 naranja

⅓ de piña pelada

1 taza de azúcar moreno

200 g (7 oz) de leche condensada

350 g (12 oz) de leche evaporada

2 cucharadas de melaza o miel de caña

Preparación:

Cortamos la naranja en ocho partes, y sin quitarle la piel, la trituramos en el robot de cocina usando la cuchilla. Reservamos. Hacemos lo mismo con la piña, retirándole el centro y la cáscara antes de triturarla.

Cocinamos el coco rallado con las 2 tazas de agua durante 10 minutos a fuego medio, hasta que quede tierno. Agregamos el azúcar moreno, la leche evaporada y la leche condensada, así como las frutas trituradas. Reducimos el fuego a bajo-medio y cocinamos durante 1 hora y media, removiendo de vez en cuando. La última media hora debemos removerlo más seguido, con cuidado de no quemarnos, pues salpica.

Cuando esté casi seco, incorporamos la melaza, mezclamos bien y cocinamos otros 15 minutos a fuego lento sin dejar de remover. Debe quedar pegajoso.

Servimos a temperatura ambiente en cuencos individuales o en cascarones de coco. También podemos servirlo frío.

dulce de frutabomba

En la zona oriental de Cuba, y en general en el resto del mundo, la frutabomba se conoce como papaya, una palabra que a los cubanos de otras zonas de la isla les da vergüenza emplear porque así también se le llama al órgano sexual femenino.

Aunque es muy casero, este postre también se vende en conserva y generalmente se prepara con frutabomba verde. Yo prefiero hacerlo con la frutabomba pintona (a medio madurar) y darle un toque de cardamomo a pesar de no ser una especia muy recurrente en la comida cubana.

El secreto para que este dulce quede espectacular es el bicarbonato, así el dulce quedará durito y brillante por fuera y blandito por dentro.

10-12 raciones

Ingredientes:

1kg (2.2 lb) de frutabomba pintona (a medio madurar)

2 litros de agua

1 ½ taza de azúcar moreno

5 cardamomos

1 palo de canela

1 cucharadita de bicarbonato

Preparación:

Pelamos la frutabomba y la limpiamos bien por dentro, eliminando las semillas y las hebras. La cortamos en cuadritos de 3 centímetros y la colocamos en un cuenco grande con agua que la cubra y añadimos el bicarbonato. Dejamos reposar 1 hora y escurrimos.

Hervimos dos litros de agua con el azúcar, la canela en rama y el cardamomo unos 5 minutos a fuego medio-alto, hasta que el azúcar se disuelva. Añadimos la frutabomba, y cuando vuelva a hervir, bajamos el fuego a medio y seguimos cocinando durante dos horas, hasta que el almíbar esté a punto.

Podemos servirlo con quesos tan diferentes como el queso crema tipo Philadelphia, el queso suizo o el manchego. Va bien con todos.

dulce de leche cortada

Este es mi postre preferido y puedo comer cualquier cantidad de una sentada.

En los campos de Cuba se preparaba con el calostro de una vaca recién parida, lo que algunos llaman «suero de leche», por eso se me ocurrió hacerlo con el suero de leche que venden en los supermercados (en inglés, buttermilk). De este modo logré que quedara con grumos grandes y suaves, que es como nos gusta en casa. Algunos lo prefieren bien desmoronado y azucarado; otros, más pegajoso. Es una buena opción para aprovechar la leche caducada. Si se usa leche fresca, puede cortarse con jugo de limón o yogur.

En otros países de América Latina este postre se prepara de diferentes maneras: sustituyendo el azúcar por raspadura o panela (azúcar integral de caña sin refinar), con limón en lugar de naranja, con uvas pasas, o incluso sin huevos. En Colombia le llaman miguelucho; en México, chongos zamoranos; y en República Dominicana, cortadito de leche.

8-10 raciones

Ingredientes:

3 tazas de suero de leche

3 tazas de leche

½ taza de zumo de naranja (1 naranja)

1 palo de canela

2 huevos

1 ½ taza de azúcar

Preparación:

Ponemos en una cazuela mediana todos los ingredientes, excepto el azúcar, y cocinamos a fuego fuerte. Removemos, de rato en rato, hasta que se corte la leche.

Cuando hierva, bajamos el fuego a medio, y cuando el líquido se haya reducido a la mitad, unos 40 minutos después, añadimos el azúcar, mezclamos con cuidado y durante 1 hora removemos de vez en cuando, suavemente, para que no se rompan los grumos.

Retiramos el palo de canela antes de servir. Se puede comer frío o a temperatura ambiente.

dulce de tomate

El dulce de cascos de tomate no es tan popular en Cuba como lo son los cascos de guayaba o los de naranja. Es un postre casero que no suele encontrarse en los menús de los restaurantes y se sirve con queso crema o queso blanco fresco. Aprendí a hacerlo con mi madre cuando era niña y entraba en la cocina a preguntar el por qué y el cómo de cuanto ella preparaba. ¡Me gustaría volver a aquellos años! Pero entonces quería crecer y viajar. Y me fue concedido.

Para hacer este postre, les recomiendo usar tomate perita, que tiene un sabor suave, poca acidez y cortado a la mitad da unos cascos muy atractivos.

4-5 raciones

Ingredientes:

7 tomates perita

1 pedazo de cáscara de limón

1 taza de azúcar

1 litro de agua

1 palo de canela

Preparación:

Ponemos a hervir agua en una cazuela. La retiramos del fuego y echamos en el agua caliente los tomates, que habremos «marcado» con una X en la parte baja con un cuchillo, para que sea más fácil pelarlos. Los dejamos reposar en el agua unos 2-3 minutos. Si están demasiado maduros, reducimos el tiempo de reposo en agua caliente.

Mientras, preparamos un cuenco con agua helada donde a continuación pondremos los tomates durante 1 minuto para parar la cocción. Los escurrimos, sin dañar la pulpa externa, les quitamos la piel y los cortamos a la mitad longitudinalmente. Después, con cuidado, eliminamos las semillas usando una cucharita de postre para obtener lo que en Cuba llamamos cascos.

Hervimos el litro de agua con el azúcar, la canela y la cáscara de limón. Una vez disuelto el azúcar, añadimos los cascos de tomate y bajamos el fuego a medio. Cocinamos durante hora y media, hasta que el almíbar tenga la consistencia deseada.

Enfriamos y servimos con queso.

flan de coco y queso crema

Cuando estaba en la escuela primaria aprendí a hacer flan y preparaba varios cada semana, a veces con coco, a veces con queso crema y casi siempre con la receta tradicional, que sólo lleva diferentes tipos de leche, huevos y vainilla.

Ya en Miami, un día tuve la inspiración de hacer un flan con coco seco rallado y queso crema para una comida familiar. A todos les encantó cómo el coco, al flotar, formaba una especie de crust en la base y el queso crema le daba textura de cheesecake. Desde entonces es uno de los favoritos de mi familia y amigos.

Si prefiere el coco mezclado en la masa, remójelo en la leche unos 5 minutos antes de batirla con el resto de los ingredientes.

8 raciones

Ingredientes:

5 huevos

400 g (14 oz) de leche condensada

350 g (12 oz) de leche evaporada

110 g (4 oz) de queso crema tipo Philadelphia a temperatura ambiente

1 cucharadita de extracto de vainilla

1 taza de coco rallado sin azúcar

Para el caramelo:

1 taza de azúcar

Preparación:

Primero preparamos el caramelo. Ponemos el azúcar en una cazuela mediana a fuego medio hasta que esté a punto caramelo, unos 20 minutos, sin dejar de mover la cazuela los últimos 5 minutos. Bañamos un molde de aproximadamente 17 centímetros (casi 5 pulgadas) de largo y 6 de alto (2 ½ pulgadas) con el caramelo.

Precalentamos el horno a 180°C (350°F).

En una batidora, mezclamos los huevos, los dos tipos de leche, el queso crema, el coco y la vainilla y batimos durante 2 o 3 minutos.

Vertemos la mezcla en el molde y lo colocamos dentro de una bandeja con agua para cocinar al baño María, tapado, durante 1 hora o hasta que al introducir un palillo salga seco. Si no tenemos una flanera con tapa, le ponemos papel de aluminio que no toque el agua.

Dejamos que se enfríe antes de volcarlo en un plato o bandeja y ponerlo a enfriar en el frigorífico un mínimo de 2 horas, aunque es preferible de un día para otro.

natilla

A principios de los años noventa yo estudiaba en La Habana y me encantaba caminar con mi amiga Lourdes por la parte vieja de la ciudad. Uno de nuestros sitios predilectos era la Casa de la Natilla, en la Plaza de Armas. No recuerdo tanto el sabor de aquellas natillas como las conversaciones con mi amiga. ¡Teníamos tantos sueños y ha pasado tanto tiempo...!

Lourdes todavía vive en Cuba, y a ella le dedico este postre que nos gustaba tanto comer, lo mismo a temperatura ambiente que frío. Aunque confieso que mi natilla preferida es la que queda pegada a la cazuela una vez que termina la cocción.

Se puede servir espolvoreada con canela, con azúcar quemada tipo crema catalana, o con un merengue dorado por un quemador o soplete hecho con la clara de huevo sobrante.

3 raciones

Ingredientes:

1 taza de leche entera

2 cucharadas de azúcar

1 pizca de sal

½ palo de canela

1 cucharada de maicena

1 yema de huevo

½ cucharadita de extracto de vainilla

Canela en polvo para adornar

Preparación:

En una cazuela mediana ponemos 175 mililitros de leche, el palo de canela, el azúcar y la sal. Calentamos a fuego medio durante 5 minutos, hasta que se disuelva el azúcar.

Mientras tanto, en un cuenco mediano, batimos el resto de la leche (75 mililitros) con la maicena y la yema de huevo.

Una vez disuelto el azúcar, retiramos el palo de canela y agregamos poco a poco la mezcla que contiene la maicena, batiendo con un batidor de mano constantemente. Añadimos la vainilla y echamos todo de nuevo en la cazuela.

Seguimos cocinando a fuego medio, removiendo todo el tiempo. Cuajará 3 minutos después, pero seguiremos cocinando unos 2 ó 3 minutos más, hasta que se despegue de la cazuela.

Vertimos el contenido en los recipientes donde vayamos a servirlos y espolvoreamos con canela en polvo al gusto.

pastelitos de guayaba

No hay fiesta cubana sin pastelitos. Estos pueden ser dulces o salados y cada uno tiene su forma característica: los de carne molida, redondos; los de dulce de coco, rectangulares; los de queso, alargados; los de guayaba, cuadrados; y la combinación de guayaba y queso, triangulares.

Mis preferidos son los de guayaba. Son también los que me piden todos mis amigos cubanos que viven fuera de Miami cuando voy a visitarlos. Están hechos de hojaldre y dulce de guayaba en barra, nuestra versión del membrillo.

En España el dulce de guayaba en barra se puede comprar en las tiendas de alimentación latinas y algunos grandes almacenes.

16 unidades aproximadamente

Ingredientes:

175 g (6 oz) de dulce de guayaba en barra

1 caja de 500 g (1.1 lb) de hojaldre (dos láminas)

1 huevo batido

1 o 2 cucharadas de azúcar

Preparación:

Descongelamos el hojaldre media hora antes de comenzar a preparar los pastelitos.

Precalentamos el horno a 200°C (400°F).

Abrimos una de las masas de hojaldre ya descongelada y la cortamos en cuadrados que tengan el tamaño del que queremos hacer los pasteles. Colocamos en cada cuadrado un pedazo de dulce de guayaba pequeño, dejando poco más de 1 cm sin dulce para que cuando éste se derrita con el calor del horno no se derrame. Cubrimos con la segunda masa y cortamos por donde habíamos marcado. Es opcional hacerle unas hendiduras en el centro con el cuchillo para que salga el exceso de aire.

Batimos el huevo para pintar los pasteles con una brocha de cocina. Los espolvoreamos con azúcar al gusto y los horneamos 15-17 minutos.

Ya solo nos queda colocarlos en una parrilla para que se refresquen antes de servirlos porque el dulce de guayaba derretido alcanza altas temperaturas y puede quemarnos. La espera no es fácil, porque el olor que desprenden es delicioso.

pudín diplomático

En Cuba llamamos pudín, con tilde, a lo que en España llaman pudin. De niña me encantaba pedir el pudín diplomático en los restaurantes, pero nunca lo había hecho en casa hasta hace un par de años, cuando mi peluquero me explicó cómo lo preparaba. A él le encanta la cocina y siempre tenemos nuestro intercambio de recetas cuando voy a cortarme el pelo.

Es un dulce ideal para usar sobras de pan y se puede hacer con frutas en conserva o frutas frescas. Queda en tres capas: una de pudín, una con las frutas aglutinadas por la masa, y la superior con textura de flan. Aunque el licor le da un toque muy especial, puede ser sustituido por el jugo del cóctel de frutas. Si además le pones frutas confitadas, estas se irán al fondo del molde por su peso y servirán para adornar el postre.

Lo recomiendo para sorprender a sus invitados.

8-10 raciones

Ingredientes:

2 tazas de pan cortado en cuadritos

400 g (14 oz) de leche condensada

350 g (12 oz) leche evaporada

425 g (15 oz) de cóctel de frutas

1 puñado de cerezas confitadas cortadas a la mitad

4 cucharadas de licor de ciruelas u otro licor afrutado

1 cucharadita de extracto de vainilla

4 huevos

1 pizca de sal

Para el caramelo:

1 taza de azúcar

Preparación:

Primero prepararemos el caramelo y cubrimos con este el fondo de un molde rectangular (véase pág. 226).

Precalentamos el horno a 180°C (350°F).

Empapamos el pan con el licor. Escurrimos las frutas del cóctel.

Batimos la leche evaporada y condensada con los huevos, la vainilla y la sal. Echamos la mezcla en el molde. Añadimos las frutas escurridas y las confitadas. Cuando floten, incorporamos el pan, presionándolo suavemente hacia abajo con una cuchara para que absorba el líquido.

Cocinamos en el horno al baño María, destapado, durante 1 hora. Para comprobar que está listo introducimos un palillo en el centro.

Colocamos el molde sobre una parrilla para que se enfríe. Cuando esté a temperatura ambiente lo desmoldamos en una bandeja y lo dejamos enfriar en el frigorífico al menos 2 horas.

glosario

Ají. Modo de llamar en Cuba al pimiento.

Berro. Vegetal que se consume en ensaladas. Su tallo es hueco y sus hojas muy verdes y pequeñas. Puede encontrarse en los mercados en forma de ramilletes o en bosas de plástico presurizadas con cierta humedad en su interior.

Bijol. Sustituto del azafrán que se usa en las comidas del Caribe. Surgió a principios de la década de 1940. Es un polvo que contiene harina de maíz, achiote, comino molido y colorante.

Boniato. Tubérculo que se conoce también como camote, batata o batata dulce en otros países. Su piel es violeta-marrón y por dentro es blanco grisáceo. Cuando se cocina, su masa adquiere una coloración verde grisácea. Una mezcla entre la patata y el boniato naranja americano. Es dulce y rica en almidones.

Boursin de ajo. Queso francés de la marca Boursin con sabor a ajo. Es suave y cremoso, ideal para untar.

Camarones. Gambas

Col. Repollo.

Col morada. Lombarda.

Frijoles colorados. Alubias rojas.

Frutabomba. Papaya.

Galletas de soda. *Crackers*.

Guayaba. Fruta verde por fuera y de masa dulce, blanca o roja dependiendo de la variedad. Se puede comer tal cual, sin quitarle la piel. Se usa para hacer cascos en almíbar, mermeladas, batidos, helados y conserva.

Lechón. Cerdo.

Malanga. Raíz con piel peluda de color marrón. Su masa puede ser amarilla, blanca o morada, y su forma redondeada u oblonga, de un diámetro de 4 a 6 centímetros las más comunes. Se conoce también como taro, yautía, bituca y unkucha en Latinoamerica y en Canarias como ñame (que para los cubanos es otra raíz).

Mamey. Se conoce también como zapote. Es una fruta en forma de pelota de futbol americano, que puede medir de 15 a 25 centímetros de largo y 8 a 12 centímetros de ancho. Por fuera es marrón y al tocarla recuerda la arena y por dentro tiene una masa rojo-naranja que se puede comer cruda y se usa para preparar helados y batidos. Puede tener una o dos semillas.

Naranja agria. Una variedad de naranja de piel gruesa y jugo mucho más acido que la naranja dulce. Se puede comprar en mercados latinos, ya sea en fruta o envasada. Es posible sustituirla por una mezcla que tenga mitad jugo de naranja, un cuarto de jugo de limón y otro cuarto de jugo de lima.

Ñame. Tubérculo de gran tamaño con piel gruesa de color marrón y masa blanca, amarilla o roja. Se puede comer hervido, usar rallado para frituras y adicionar a las sopas y potajes.

Pan cubano. Barra de pan de corteza crujiente, parecida en forma y tamaño al baguette francés, pero de masa áspera y aireada.

Panko. Pan rallado de origen japonés hecho de pan de trigo sin corteza. El resultado es una ralladura más gruesa, aireada y ligera que la que resulta del pan o galleta que usamos habitualmente para empanizar y que absorbe menos grasa cuando freímos. Se puede comprar en grandes supermercados.

Papitas palito. También conocidas como papitas fosforito. Variedad de los *chips* de patatas, cortadas en forma de patatas francesas fritas muy finitas, de 2-3 milímetros de ancho. Suelen venderse empacadas en latas, pero también pueden encontrarse en bolsas.

Pez perro. Pez común en el Caribe, de color rojizo cuyo peso puede alcanzar hasta 15 libras. Posee en el lomo tres largos filamentos. Su masa es blanca.

Picadillo. Carne picada.

Plátano macho. Pariente de la banana (a la que también llamamos plátano en Cuba) con piel y masa más gruesa. No se come crudo. Se usa como vianda o vegetal en la comida del Caribe. Se come frito o hervido y se agrega a los guisos, sopas y potajes.

Plátano maduro. Plátano macho maduro. Tiene mucho dulzor.

Plátano verde. Plátano macho sin madurar.

Quimbombó. Fruto verde con forma parecido a una vaina de legumbre pero con forma cónica y textura gomosa. Si no lo encuentran fresco, pueden buscar en la sección de vegetales congelados. En otros países de América se le conoce como molondrón, candia, gombo u ocra. Se puede comer crudo o cocido. Contiene una sustancia gelatinosa que sirve para espesar guisos y sopas.

Rábano picante preparado. Raíz de rábano picante rallada y mezclada con vinagre blanco. A veces referida por su denominación en inglés de *horseradish*, es una crema blanquecina que se vende en conserva.

Tabasco. Salsa picante de origen estadounidense.

Tasajo. Carne deshidratada y salada que debe desalarse e hidratarse para comer. En Cuba solía hacerse de carne de caballo y en otros países se hace de carne de res.

Vino seco. Vino para cocinar seco, acido y de color dorado hecho con uvas y sazonado con sal.

Yuca. Raíz alargada de unos 5 centímetros de diámetro. Su piel es marrón y dura. Su masa, blanca o amarilla, es rica en maicena. Se puede rallar cruda para hacer frituras, agregar a las sopas y potajes, o comer hervida, ya sea con mojo, o majadas formando bolas parecidas a las papas rellenas o las croquetas de bacalao que aparecen en este libro.

índice alfabético